产业政策与经济发展动能转换

——山东迈向高质量发展的动能转换路径

孙明霞　冀　刚　著

山东大学出版社

图书在版编目(CIP)数据

产业政策与经济发展动能转换:山东迈向高质量发展的动能转换路径 / 孙明霞,冀刚著. — 济南:山东大学出版社,2019.10

ISBN 978-7-5607-6479-5

Ⅰ.①产… Ⅱ.①孙… ②冀… Ⅲ.①区域经济发展—研究—山东 Ⅳ.①F127.52

中国版本图书馆 CIP 数据核字(2019)第 241681 号

责任策划:李 港

责任编辑:李 港

封面设计:牛 钧

出版发行:山东大学出版社

社 址 山东省济南市山大南路 20 号

邮 编 250100

电 话 市场部(0531)88363008

经 销:新华书店

印 刷:济南华林彩印有限公司

规 格:720 毫米×1000 毫米 1/16

8.5 印张 155 千字

版 次:2019 年 10 月第 1 版

印 次:2019 年 10 月第 1 次印刷

定 价:45.00 元

前 言

产业政策是国家宏观调控的重要手段，是政府为了实现一定的经济与社会发展目标对产业活动进行干预而制定的各种政策的总和。只有充分认识和理解产业政策的本质特征和理论依据，才能为产业结构调整和发展提出可供借鉴的政策。在经历了30多年的高速增长之后，中国经济进入以增速放缓、结构升级、动力转换为特征的新常态，认识、适应和引领新常态已经成为指导中国经济发展的大逻辑。2016年4月26日，习近平总书记在与中国科学技术大学先进技术研究院的科技人员交谈时强调："我国经济发展进入新常态，必须用新动能推动新发展。要依靠创新，不断增加创新含量，把我国产业提升到中高端。"李克强总理在2016年的《政府工作报告》中也指出，经济发展必然会有新旧动能迭代更替的过程，当传统动能由强变弱时，需要新动能异军突起和传统动能转型，形成新的"双引擎"，才能推动经济持续增长，跃上新台阶。当前，我国发展正处于这样一个关键时期，必须培育壮大新动能，加快发展新经济。加快新旧动能接续转换，积极培育壮大新动能，改造提升传统动能，是贯彻落实新发展理念、全面建成小康社会的战略选择，也是推进供给侧结构性改革、加快产业转型升级的重要路径。从更大的视野来看，历史上每一轮科技革命都能重塑世界经济格局，而现在全球新一轮科技革命和产业变革同我国经济优化升级交汇融合，为我国实现转型升级提供了难得的机遇。

当前，中国经济正处于新旧动能接续转换、经济转型升级的关键时期。一方面，新技术、新模式、新业态、新产业的不断涌现和国家战略的推行，为我国经济发展注入了新活力；另一方面，传统领域也在上述创新因素的推动下不断焕发活力。与此同时，新旧动能转换也面临着更为复杂的国际政治经济环境的不确定性和国内体制机制的不确定性。

山东地处黄河下游，东临黄海、渤海，北承京津冀经济圈，南接长江经济带，是我国由南向北扩大开放、由东向西梯度发展的战略节点，在推动全国新旧动能转换上具有极强的典型性和代表性。近年来，山东省产业结构不断得到优化升级，新产业、新业态、新模式蓬勃发展，地区结构不断协调化，经济效益结构不断改善，但存在新动能对传统产业改造不够、区域经济发展分化、传统行业优化升级的人才严重缺乏、产业发展创新能力不足等问题。特别是近年来，新动能成长不快、传统动能升级难有突破，产业结构不优、价值链占位偏低，经济发展活力不强、经济效益不高等问题，以及受周边区域经济一体化发展的挤压越来越重，参与国际贸易与合作的区位和政策优势不断减弱，导致山东省与广东、江苏、浙江等先进省份的差距越来越大。"标兵越来越远，追兵越来越近"，加快新旧动能转换于山东省而言，更为迫切。2017 年，山东省第十一次党代会正式确定实施新旧动能转换重大工程，确立了把加快新旧动能转换作为统领全省经济发展重大工程的战略定位。2018 年新年伊始，国务院正式批复《山东省新旧动能转换重大工程实施规划》，标志着山东省新旧动能转换重大工程正式上升为区域性国家发展战略，并成为山东省实现由大到强战略性转变的重大抓手。同时，作为全国经济大省，山东省在发展阶段、经济结构、资源禀赋、区域位置等方面特色鲜明、代表性强，有条件也有责任在北方地区率先探索出可复制、可推广的动能转换路径模式。因此，深入探讨山东新旧动能转换的路径不仅对山东省推进供给侧结构性改革、实现经济高质量发展具有重要意义，而且还对全国而言同样具有重要的示范和借鉴意义。

本书拟通过理论探讨和实证分析，破解经济发展新动能的主要源泉，并通过实地调研，系统总结山东省实施新旧动能转换重大工程的成效，深入分析存在的薄弱环节和矛盾挑战，研究其他省市发展的先进做法，借鉴发达国家成熟的模式和经验，在此基础之上提出山东省加快推进新旧动能转换重大工程的路径思路、基本策略和保障措施。

本书主要包括五大部分：第一部分，包括第一、二章，集中阐述了产业政策的作用原理以及我国产业政策目前面临的挑战和未来发展趋势；第二部分，包括第三、四章，从理论和实证的角度探讨实现新旧动能转换的路径问题；第三部分，包括第五章，深入剖析山东省在新旧动能转换中面临的背景以及存在的主要矛盾；第四部分，包括第六章，从国内和国际两个方面总结和借鉴新旧动能转换的成功经验；第五部分，包括第七章，针对山东推进新旧动能转换的路径提出一些可供参考的建议。

目 录

第一章　产业政策的作用原理

一、产业政策的内涵特征

产业政策是政府为实现经济可持续增长和社会可持续发展的目标，而对产业活动实施经济干预的政策和措施的总和。即政府为弥补产业经济活动中的“市场失灵”，而通过一系列政策、措施干预资源在产业间和产业内的配置。

传统的产业政策以一国范围的产业为对象，弥补本国市场自发调节的不足或缺陷。按照传统宏观调控理念，政府干预经济主要是为了弥补国内市场机制自发调节的缺陷。相应地，政府在实施产业政策时，其视野主要局限于本国市场范围。政府实施产业政策的目标是实现一国范围内资源在产业间和产业内的最佳配置。

20世纪90年代以来，经济全球化进程加快使得整个世界经济的竞争与分工格局发生了根本性变化。为了赢得国际竞争优势，实现国家战略利益最大化，国家需要立足全球视角制定实施产业政策，以在全球范围内实现产业资源的最优配置。所以，产业政策由以往的传统产业政策转型为国际协调型产业政策。

与传统产业政策相比，国际协调型产业政策具有三个显著的特征：(1)政策制定和实施的范围超出本国边界，扩展至与本国产业发展密切相关的国际经济领域。政策制定和实施的预期不仅要考虑本国产业的反应，而且还必须考虑国外政府和产业可能作出的反应。因此，各国政府的政策协调变得日益重要。(2)产业政策的目标聚焦于增强企业的国际竞争力，在全球产业分工中占据有利位置，最大限度地提升本国产业和企业在全球竞争中的优势，谋求最大的国家战略利益。(3)在政策工具选择上，一般采用功能性产业政策，为企业和产业提供统一的功能性支持，创造一种公平竞争的政策环境，改变了传统产业政策以个别企业和产业扶持为主的“选择性”产业政策。

二、实施产业政策的科技追赶理论

新自由主义之所以难以解释产业发展主要在于其对科技的处理。他们认为，发展中国家不在科技前沿从事创新而是主要依赖于科技输入，而且新古典模型假定在使用科技时不存在附加成本、风险或其他约束，因而在不存在显著的市场和制度失灵的新古典假定下，就不需要任何政策干预。拉尔(Lall，2003)分析了发展中国家科技学习的特征，表明发展中国家在科技学习过程中存在显著的市场失灵，新古典模型赖以成立的假定不再成立。

产业科技发展，无论是初级水平还是进一步的科技深化都面临市场失灵，因而需要政策(功能性的和选择性的)支持。最低水平的科技活动即技术应用与操作(Know-how)属于科技中的隐性知识(Tacit Elements)，需要使用者在新的技能、程序、技术和组织信息方面投资。这种投资具有外部性，因而面临市场和制度失灵，需要政策干预进行补救。隐性知识是关于如何去行动的知识，从本质上说，是程序性的、较难编码的诀窍类知识，不易用文字或语言表达、传播，通常附着于个人或组织，只有透过实践与社会互动关系而取得，因此，Know-how 属于隐性知识。隐性知识的特征决定了企业进行隐性知识投资具有外部性。因为不同的科技所固有的内隐特征(Tacit Feature)和外部性不同，许多干预必须是选择性的。成功工业化的发展中国家以及发达国家在其早期工业化阶段的实践都表明了政府曾经有效地克服了这些市场和制度失灵。

设计开发和创新相对于生产活动是更为复杂的活动，涉及的成本就越高，风险和不可预测性越大，因此，掌握技术的过程不可能是自发的。而且学习过程本身也需要学习，学习过程的成本和持续期因科技的复杂性和规模而异，且成本随着产业落后程度的增大而提高。因此深化产业的科技水平时，存在很高的不可预测的学习成本和广泛的外部性，自由市场不能对投资于新科技提供正确的信号。

科技活动的外部性导致市场失灵，产业后进国家相对于那些已经完成学习过程的国家处于绝对的劣势，发展中国家的信息缺乏、资本市场不完善、支持机构不健全等，导致在没有政府支持的情况下，不可能进行复杂的科技活动，而只能被锁定在低科技低增长的发展轨道上。然而科技承担着产业发展和提升国家未来竞争力的重任，因而必须进行有效的政策干预，提升科技水平和竞争力。

产业科技的发展既需要非选择性的政策干预也需要选择性的政策干预。一方面，需要以完善的市场机制和基础设施为条件。企业不是自己学习，而且需要要素市场的输入：物质输入品、新技能、技术和市场信息、测试服务、故障检修服务、风险融资和新型基础设施。另一方面，不同科技活动的过程和外部性不同，提供统一的支持将没有意义。某些简单科技的学习过程相对较短，信息获取容易且外部性较小，因而需要较少的支持；而复杂的或具有较大外部性的科技活动，如果没有促进措施，将不会有新进入者进入，因此，干预政策必须是选择性的。

三、实施产业政策的企业能力构建理论

（一）企业能力理论阐述

大多数发展中国家产业政策失败，究其原因就是未能克服这一困境：产业政策支持在对产业提供支持的同时也消除了其能力构建的激励。因此，应通过加强国内竞争、设定绩效目标以及在恰当时间使之参与国际竞争等措施激励其构建自身能力。

企业能力分为三个层次，即一般能力、核心能力和动态能力。一般能力是企业从事某种行业在一般情况下、正常经营必须具备的基本能力，缺乏这些能力企业就不可能正常运行，而具备这些能力却未必能使企业获得竞争优势。核心能力则是一个企业所拥有的不易为竞争对手学习和模仿的、能够带来超额利润的独特能力，是企业获得竞争优势的关键。企业的动态能力是企业为应对快速变化的竞争环境的挑战，而重组、重导、改造以及适当地塑造和整合现有的核心竞争力及外部资源、战略和互补性资产的能力。企业的能力和知识是在实践中通过学习不断积累和形成的，企业的能力总是在外部环境的不断变化下动态演进的。

企业能力构建是产业竞争力提升的微观基础。企业能力构建绝不仅仅是企业自身的任务和职责，政府可以通过适当、积极的产业政策推动这一进程，为企业能力构建提供良好的外部环境。

(二)企业能力构建与产业政策

1.产业政策可以为产业发展初期的企业能力构建提供机会

企业能力理论认为,企业能力是逐步积累和演化的,任何企业的发展总是能力不断提高的过程,没有一开始就具备所有能力的企业。正是因为在一定时期内,企业能力的构建需要时间,所以如果缺乏必要的产业政策保护,企业很可能被国外强大的竞争对手所扼杀,从而失去进行企业能力构建的机会。

2.产业政策可以有效克服企业能力构建的惰性

企业能力构建需要漫长的过程。面临社会复杂性、因果模糊性等问题,企业能力构建往往与短期经济利益背离,因而在市场机制作用下,企业倾向于追求短期经济利益而忽视能力构建,导致企业不具备长期竞争力。政府需要通过推进现代企业制度建设,促进战略目标追求由短期经济利益向长期价值最大化转变。

3.产业政策可以有效克服企业核心能力的刚性

企业能力理论认为,企业在构建核心竞争力的过程中,容易形成核心能力刚性。陷入核心能力刚性的企业在外部环境发生较大变化导致核心能力失宜时,往往固守过去的方法、经验、技巧,而不能实现核心能力的适应性转变,导致企业竞争优势丧失。核心能力刚性产生的原因主要有:企业能力演化具有“路径依赖”的特性;企业长期积累的专用性资产难以承担巨大的转换成本;企业长期形成的企业文化、价值观的束缚。由于存在核心能力刚性,所以指望来自企业内部的某种力量来加以克服,难度较大,绝大多数的公司是被迫改善,因此,需要政府产业政策帮助企业克服能力惰性,从而也影响到产业发展和竞争力的提升。

四、实施产业政策的新结构主义理论

(一)传统结构主义理论及其政策主张

结构主义对自由市场推动竞争力动态变化没有足够信心,而更倾向于相信政府有能力进行有效的干预。结构主义质疑将亚洲以及早期发达工业化国家的成功归因于自由市场力量的论点,认为更加依靠市场力量并不能取代政府的积极作用。市场力量强大但并不是完美的,市场运行所需的制度经常是无力的甚至是缺失的,政府干预对于改善市场结果是必需的。

结构主义承认,以往的某些工业化政策并未很好地发挥作用以及扩大开放的必要性。对于自由主义来说，这是否定政策的积极作用的原因，因为他认为即使存在市场失灵，其代价总是小于政府失灵的。而结构主义认为政策在产业成功发展中具有关键的作用，发达国家和成功完成产业升级的发展中国家都曾利用政策干预来提升产业能力。17 世纪和 18 世纪，英国保护自己的制造业免受荷兰的冲击；19 世纪，德国保护自己的制造业免受英国的冲击，美国保护自己的制造业免受欧洲的冲击；19 世纪和 20 世纪，日本保护自己的制造业免受美国和欧洲的冲击。过去的某些政策失灵并不能成为被动依赖于不完善市场的原因，而是应该改善政府能力。他们指出，许多贫穷地区实施新自由主义政策却并没能实现干预型经济所实现的产业增长，现今的发展趋势意味着在全球化框架下被动的自由化将会加剧贫富分化。

(二)拉美的新结构主义经济理论及其政策主张

拉美的新结构主义经济理论出现于 20 世纪 70 年代中期，到 80 年代中期已逐渐形成其理论基础。新结构主义经济理论是对拉美传统的发展理论特别是结构主义经济理论的更新和发展，并在同新自由主义经济理论的论战中不断丰富和完善。它是在拉美经济发展形势急剧恶化、经济结构调整逐渐展开的形势下出现的，对拉美经济结构的调整提出了一系列政策建议，并成为拉美地区具有广泛影响的主流经济学理论。

一是生产结构调整的主要目的是提高各生产部门的劳动生产率和产品的竞争能力，事实上这也是工业化的根本目标。拉美国家应努力提高生产特别是制成品生产的专业化程度和产品的竞争力。为此应该有选择地确定专业化部门，不断扩大这些部门的出口，并使专业化的层次不断升级。

二是必须把促进科学技术的发展作为生产结构调整的一项十分紧迫和具有战略意义的任务。鉴于新自由主义忽视科学技术的发展，新结构主义提出，拉美国家必须急起直追，大力发展科学技术以促进生产结构调整。

三是必须形成促进经济自主持续增长的内部动力源。新结构主义认为这是发展中国家减少对外依赖的关键所在。为此必须大力加强本国的生产和技术基础，提高本国产品在国际市场的竞争能力。新结构主义指出，发展是一项系统工程，必须有全社会的团结和协调一致，这是经济长期稳定发展的基础。

(三)中国的新结构主义理论及其政策主张

林毅夫教授在《新结构经济学——重构发展经济学的框架》一文中，提出了一种分析产业结构变迁、经济发展过程的新思路。林毅夫认为,一国产业结构和经济发展的逻辑起点是经济的禀赋,即一个国家土地、自然资源、劳动力和资本的相对稀缺程度和相对价格水平,产业转型的终极方向由要素禀赋结构及要素相对价格所决定。

不同的禀赋结构决定不同的产业结构和经济结构,而一个经济体的禀赋结构随着经济发展阶段而不断升级。处于初级发展阶段的经济体,劳动力、自然资源相对丰富,而资本、技术相对稀缺,因此,产业结构更多地集中在劳动和资源密集型行业。随着经济发展水平提高,当资本、技术要素相对充裕时,资本、技术密集型产业便具有比较优势和国际竞争力。因此,不同经济发展阶段的经济体对应不同的要素禀赋结构,从而对应不同的最优产业结构。

处于不同禀赋结构水平的经济体,产业结构升级所要求政策也不相同。在发展中国家,由于劳动力和自然资源相对充裕,产业政策鼓励自然资源和劳动密集型产业发展,促进富裕生产要素充分利用,并不断积累相对稀缺生产要素,逐步提升产业和经济发展水平。在发达经济体,资本、技术相对充裕,产业升级驱动力更多来自创新和技术。因此,适宜的政策往往是弥补技术创新中的市场失灵,资助基础研究,对外部性、风险较大企业研发活动给予税收优惠和补贴。

最具竞争力的产业或产业转型方向是由要素禀赋结构所决定的。只有产业结构要素禀赋结构相一致,才能使经济产出的成本最小、利润最大。然而,产业转型和产业结构通常是经济发展过程中的内生变量,只有在一个竞争性的要素市场、灵活的金融市场及弹性的劳动力市场中,要素禀赋结构的不断变迁才能最终驱动产业结构往最优方向转型升级。

第二章　我国产业政策面临的挑战和未来发展趋势

一、我国产业政策存在的主要问题

(一)产业政策过度干预微观经济主体的运行

一直以来,中国的产业政策都具有强烈的干预市场特征,对于微观市场的直接干预措施是产业政策最为重要的手段。2003 年以来,随着政府对企业微观经济活动的行政干预在“宏观调控”的名义下明显加强,“宏观调控要以行政调控为主”成为正式的指导方针,而这些行政调控多以产业政策的形式实施。实践表明,以直接干预微观经济为特征的产业政策的实施效果并不理想,并且由于扭曲了市场机制,带来了许多不良的政策效应以及较为严重的寻租问题,在很大程度上阻碍了经济结构调整与经济转型。

具体来说,主要问题有以下几个方面:第一,采取广泛干预微观经济的产业政策,带来较为严重的寻租和腐败行为,加剧收入分配的不平衡,诱导企业家将更多的精力配置于寻租活动,相应地减少了适应市场、降低成本、提高产品质量、开发新产品等方面的努力,并降低了整体经济体系的活力。

第二,投资审批、核准及市场准入等管制政策限制和扭曲了市场竞争,对一些重要行业的效率提升产生了显著的负面影响,不必要的投资审批和核准还阻碍了企业对市场需求增长和结构变动作出迅速反应,给企业经营以及产品结构调整带来困难。

第三,目录指导政策常常超越国家经济发展阶段而片面追求发展高新技术产品和工艺,同时把本来具有市场需求的产能看作落后产能并加以淘汰。

第四,片面强调市场集中度、市场规模,导致企业脱离自身需求和能力片面寻求扩大规模，并导致大量低效率的兼并重组。

第五，以直接干预微观市场的方式治理产能过剩，不但不能从根本上治理产能过剩，反而阻碍了市场自发协调供需与产能内在机制的充分发挥，加剧了市场波动，甚至进一步加剧了产能过剩的程度。

第六，发展战略性新兴产业政策实施中，过于注重补贴生产企业，导致部分新兴产业过度投资，并频繁遭遇国外反补贴调查和制裁。

（二）产业结构政策与产业组织政策协调性不足

产业结构政策和产业组织政策是构成产业政策的两个最基本元素，两者相互联系、相互作用，共同构成一个有机整体。产业政策的实施是两者合力所产生的整体功能效应，缺一不可。合理、高效的产业组织是商品经济运行及产业结构优化的制度保障和基础。发达国家之所以特别重视产业结构政策，就是因为其市场机制较完善，商品经济的自组织程度高，产业和企业的组织和制度健全，产业组织建设相对产业结构调整不是很迫切和突出。而对发展中国家来说，商品经济不发达，市场机制不完善，产业和企业的组织和制度建设不健全，建立高效合理的产业组织是产业结构调整乃至经济发展的重要条件。

产业组织政策主要作用于供给总量的增加，产业结构政策则主要作用于供给结构的合理化。供给与需求的矛盾既有总量因素又有结构因素，要使供给的总量和结构与需求的总量和结构趋于均衡，必须同时操作产业组织政策和产业结构政策，并相互协调配套，发挥其整体功能。

（三）缺乏对产能过剩产业的政策引导

在一系列产业结构调整政策推动下，我国多数行业逐步走出低谷，但投资增长过快使传统产业生产能力严重过剩，部分新兴产业也出现了“一轰而上”的现象。不仅钢铁、水泥等产能过剩的传统产业仍在盲目扩张，而且风电、多晶硅等新兴产业也出现重复建设倾向，部分行业的产能过剩已经成为当前宏观调控的突出问题。

（四）产业政策缺乏高效的保障体系

产业政策是一个多层次、立体型的政策体系，其制定和实施要有整体观念和系统思想，要求政策的诸方面相互配套和相互协调。而我国现有产业政策的制定和实施缺乏总体规划，局限于短期设想；地方主义和“诸侯经济”使地方产业和经济发展与中央产业政策不合拍；有的政策措施不协调，甚至相互摩擦和矛盾，产业政策的内容欠明晰，实际操作困难。

产业政策的实施需要其他经济政策的协调和配合，但目前我国的情况并不是这样，例如财政货币政策、收入分配政策就没有转向为产业政策服务上来。

产业政策是从供给角度对商品经济的市场机制作用进行导向和补充的宏观经济调节政策，其实施必须以市场机制的充分作用为前提和基础，而我国缺乏这一基础。

大部分实施产业政策的国家都有一些组织机构从事产业政策的研究、制定和执行，而我国则缺乏这样的组织机构。

产业政策实施需要法律手段，而我国缺乏明确的配套的法律制度保障，且措施不力，政策的严肃性和稳定性差。

二、我国产业政策的未来发展趋势

当前，中国经济进入了发展的新常态，增长模式、增长动力、结构特征较以往都发生了显著变化，同时在新的国际、国内环境下，今后一段时期内中国经济将面临新的发展任务。在这一时代与经济背景之下，我国的产业政策也应与之相适应、相协调，同时借鉴日韩等国在产业政策演进过程中的经验和教训，以呈现出一系列新的发展趋势。

（一）产业政策与全球化

1. 产业政策的全球化趋势

产业政策的作用对象是全产业，是政策制定和实施的主体对客体产业活动的一种反映。因此，当代产业政策出现转型的内在动因之一是在经济全球化进程中，当代产业发展出现了新趋势。

随着世界经济一体化进程和科技进步在经济发展中的作用进一步增强，我国经济将面临更加激烈的全球性竞争挑战。为推进国民经济结构战略性调整，亟需引导社会投资方向，防止盲目投资和低水平重复建设，促进产业协调健康发展，逐步形成以高新技术产业为先导、基础产业和制造业为支撑、服务业全面发展的产业格局。

运用产业政策促进产业的调整和振兴需要紧密地围绕全球产业链调整和低碳经济的大趋势，在节能降耗减排的前提下保持经济快速增长是产业技术跃迁机制作用的根本方向，因此，不是机械地压缩过剩产能或兼并重组，而重点是看谁能培育出符合低碳标准的新产能。这就需要通过产业链条的分化机制来剥离出高消耗、低效率的环节并加以整合和改造，同时吸引更多的专业人才进入生产者服务性企业以创造出新颖高效的解决方案。还需要弥补产业链的短板，通过产业链条的衍生机制增强产品研发创新能力和扩大内需市场，让品牌化、服务化、低碳化、平民化、有竞争活力的制造型企业成为中国经济增长的主导驱动力量，从而拉动产业全面升级和经济增长。

经济全球化的核心是产业运行的全球化。由于国际直接投资的迅猛发展，生产要素的跨国界流动使各国产业相互依存、相互渗透的程度日益加深，实现了全球范围内生产、交换、分配和消费等一系列环节的国际经济大循环和国际产业链的形成。在科技和信息革命的推动下，全球产业正日益成为一种密不可分的国际产业网。作为产业经济的两个层面：第一，产业结构在全球范围内演变、调整和升级。越来越多国家的产业结构运行呈现二元化、跨国界变动，即既有国内部分，又有延伸到国外的部分。一国的产业结构体系已不纯粹是民族产业，因为接受外国直接投资及产业转移就意味着这部分产业将构成本国产业结构体系中的一个新生部分，从而在全球范围内形成“你中有我，我中有你”的复杂格局。第二，产业组织在全球范围内扩张和活动。例如，伴随当代市场竞争格局的全球化，某一产业部门的市场结构和主要厂商之间的市场竞争格局已经不再以一国或一个地区为限，而早已跨越国界，行业的生产体系为越来越多的国外厂商所突破。

因此，衡量全球化条件下某行业的市场集中度时，考虑来自不同国家跨国公司的市场份额格局才是有实际经济意义的。同时，与全球化浪潮并行不悖的区域化浪潮也在同步发展，使当代世界经济结构呈现出“板块状”格局，并在局部区域已形成国际区域经济体和民族国家经济体并存的二元格局。因而在产业运行上，虽然一国产业结构的变动不仅与域内周边国家的产业结构联为一体、互动演进，而且还和域外各国的产业结构相互波及、互动演化，但作为结构关联机制的国际投资与贸易等表现出明显的区域内部化趋向，往往使处在同一国际区域内的各国产业结构间存在更为紧密的相互依存、互相连接的关系。因此，产业运行全球化不仅体现在全球层面，而且还在现实中更为直接地体现在国际区域层面上。上述产业运行全球化的种种表现形态，引发当代产业政策在政策制定基础和政策波及效果范围上突破国界面向全球后，往往首先立足于与本国产业发展密切相关的国家和地区，特别是与本国经济形成一体化的国际区域。欧盟产业政策的实践就明显地反映了这一现实。

2.产业政策的生态化趋势

在经济全球化进程中，随着可持续发展战略在全世界范围内的普遍实施，产业经济的循环发展模式方兴未艾，产业的生态化发展在发达国家逐渐成为潮流。

从宏观层次的国家产业发展的战略选择、管理立法，中观层次的区域产业园区的建设、布局，到微观层次的企业的生产技术改造、管理实践，生态化的概念始终是贯穿其中的主线。这一发展趋势在三次产业中都有所体现，不仅使其向绿色化目标演进，而且还与环境保护有机结合起来。而环境保护是超越国界的，不是单独一个国家就能完全实现的。因此，除了建立以市场为导向、企业为主体的产业生态化演进的实现机制外，在转型后的产业政策中也增加了这方面的重要内容，包括制定法律、法规以及相关的国际协调来加大干预力度，引导绿色生产、绿色需求和绿色消费，推进产业生态化的发展。

3.产业政策的融合化趋势

产业融合是指不同产业或同一产业的不同行业通过相互渗透，相互交叉，最终融为一体，逐步形成新产业的动态发展过程。与经济全球化浪潮相联系，以信息技术为核心的新技术革命，也正以前所未有的力度冲击全球社会经济的发展，以始料不及的速度重塑人们的生活方式。在这一过程中，由于高新技术及其相关产业作为一种手段和方式向其他产业渗透，促使产业间的延伸融合和产业内部的重组融合，因而出现了产业发展融合化的新趋势。

如发生在20世纪90年代后信息和生物技术对传统工业的渗透融合，产生了诸如机械电子、航空电子、生物电子等新兴产业。这种产业融合发展也直接促进了产业创新，并在此基础上形成的新产业、新产品成为经济发展的新的增长点。它不仅缩短了产业结构升级的周期，而且还使企业获得了更多的商机和市场，从而带动了整个经济的持续发展。面对通过产业融合发展可以提高竞争力、适应市场新需求这一现实，产业政策的转型上也反映了出来，即多数国家已经不再像以往那样将政策的着力点仅仅放在扶植、保护某一产业上，而是重视塑造或改善“改变影响竞争力的条件”之类的外部环境上，以适应当代产业高度分化和高度融合并存的趋向。

(二)产业政策与市场作用

1.产业政策的市场化趋势

三十多年来，从计划经济体制向市场经济体制的转变，是中国改革最具实质性的进展，也是中国空前繁荣与发展的制度基础。同样，对发展进程造成种种困扰的一系列矛盾和问题的不断积累、加剧，其制度原因也在于市场经济体制还远未完善，而市场化改革在其半途上出现迟滞延宕甚至反复。

十八届三中全会把对市场作用的认识提升到了新的高度，确认了要使市场在资源配置中起决定性作用。这是充分到位的认识，是对市场经济的实质和市场作用的深刻而完全的理解，也是对经济体制改革在新阶段上的全面深化，至关重要。经济体制在各个方面、各个领域、各个环节的改革因此有了明确的中心、方向和整体逻辑，这就是要围绕使市场对资源配置起决定性作用而展开全面的改革。

改革开放以来的发展经验说明，促进资源合理配置、结构优化的基本动力来自市场竞争，而不是政府的行政手段。改革开放前的计划经济体制下，长期没有解决的结构问题是工业结构过重，消费品严重短缺，服务业发展不足；而且重工业自我服务、自我循环，低效复制，缺乏创新。改革开放后由于引进了市场机制，乡镇企业、个体私营企业和外资企业积极参与，在短短几年间改变了消费品严重短缺的局面。此后，出口产业的高速发展、相关产业的配套、服务业的加快发展等，也无一不是市场导向的结果。政府政策在这些结构改善中所起的作用，不是代替市场进行选择，而是放开管制，创造条件，推动市场选择。

在经济发展中，一个经济体的合理产业结构是由其劳动力、自然资源、物质资本、人力资本等要素禀赋决定的。要素禀赋结构的变化是经济社会长期发展的结果，在短期内相对稳定，不容易发生突变。政府可以通过某些政策加速要素禀赋的变化，例如鼓励资本积累、吸引外资、促进人力资本积累等，但短期内不能人为地改变要素禀赋所决定的比较优势，也不能人为干预产业结构，使之背离比较优势，否则必然导致资源无效配置、产业竞争力下降。我国在计划经济年代人为推行的重工业优先发展战略，就与我国劳动力丰裕的比较优势不相符，人为推进的重工业部门缺乏国际竞争力，而具有比较优势的劳动密集型产业又受到抑制，影响了经济的发展。

相反，国际、国内的大量经验说明，很多成功的产业和企业发展案例都不是政府政策选择的结果，而是从激烈的市场竞争中脱颖而出者。

在我国过去的经济发展过程中，确实也出现了一些短期靠市场机制难以解决的问题。这基本上可以归咎于两类原因，其一是市场机制受到限制或干扰而发育不良，其二是市场机制本身失灵。

我国前一时期的经验证明，在这些市场机制不容易发挥作用的领域，政府产业政策是有用武之地的。靠政府和国有企业的大规模投资以及政策鼓励，这些瓶颈行业能够迅速发展，并对整个经济产生正的溢出效应。这也是中国经济能够长期保持高速增长的一个重要因素。但对这一经验不应过分解读，不应错误理解为政府选择可以不加区别地代替市场选择，行政手段可以普遍代替市场机制。事实上，政府选择只能在市场失灵或暂时难以发挥作用的有限条件下起作用，而且前提是政府判断不失误，不作出违背市场发展方向的错误选择。

在绝大多数情况下，以行政干预代替市场调节只能起暂时的作用。最根本的解决途径，是消除阻碍市场发育的因素。一种常见的情况是资本市场发育不良，不能为需要发展的产业融资。另一种同样常见或更常见的情况是行政干预本身阻碍了市场调节。因此就长期而言，促使市场调节机制发挥作用，例如完善资本市场、完善竞争机制，会比政府干预的作用更持久、更有效。

由此，中国产业政策的未来去向必将是政府主导的产业政策强度不断降低，而更多的是依靠市场的作用来推动产业结构升级和发展。

2.产业政策的间接化趋势

产业政策在实施过程中，不宜过多采用行政强制、直接干预等行政方式，应该实行间接方式。间接性是指政府运用经济手段、行政手段和法律手段间接地为产业发展创造适当的环境和条件。由于体制原因，在我国以往的产业政策实践中往往倾向于采用行政手段实施产业结构调整、产业技术选择和产业组织优化工作。在政府部门缺乏必要的操作手段和管理能力的情况下，单纯依靠行政手段难以应付复杂的利益协调问题，不能保证产业政策的有效推行。

产业政策的实施离不开一定的政策体系和政策手段的有效配合。产业政策和财政、货币政策的结合，行政手段与法律、财税、金融、信息手段的结合是产业政策达到政府调控目标的必要条件。我国在20世纪90年代产业政策的执行过程中，运用最为频繁的是各种行政手段。例如，为解决我国汽车产业的重复建设，我国曾规定，1995年底以前政府部门将不再批准企业建立新的各种轿车项目。再如，我国改革开放初期对纺织业实行的限产压锭、煤炭行业的限产关闭等办法也都取得了令人满意的政策效果。但是，随着我国社会主义市场经济体制的发展和政府宏观调控能水平的提高，必须要更多地运用法律手段、经济手段，更多地采用间接的、经济的手段来调控产业发展。

产业政策实施手段更加丰富和多样化，要尽可能减少政府对产业的直接行政干预力度，更多地借助于法律手段和经济手段，通过市场机制和完善的制度体系来保障我国产业的健康和可持续发展。

（三）产业政策协同化

产业协同优势可以分为包括自然资源和人口数量的先天资源禀赋优势以及包括技术能力、管理能力、组织能力、社会网络和制度因素等的后天获得性优势。两者的不同在于前者具有耗损性和边际成本上升的特点，而后者有正向动态累积效应，具有边际成本下降或规模报酬上升的特点。前者如土地、矿产等自然资源不能再生，甚至逐步耗竭，而且随着埋藏条件好的矿产率先被得到开采，以后的开采成本只会不断上升；随着生活水平的不断提高，劳动力供给也可能呈现数量下降、成本上升的特点。相反，技术能力、经营管理能力、组织能力、基础设施和制度因素等后天形成的因素，则随着学习和不断积累，呈现出显著的规模报酬递增的特点。

1. 中央和地方产业政策的协同化趋势

在经济新常态与新一轮工业革命背景下，我国经济的发展迫切需要全面提升创新能力，迫切需要创新成为驱动经济发展的新引擎，迫切需要通过发挥市场机制作用来探索未来产业发展方向与新的经济增长点，并以此加快实现经济增长方式从规模速度型粗放增长向质量效率型集约增长的转变，国民经济向更高级、分工更复杂、结构更合理的阶段演进，而这些都迫切需要推动中央与地方产业政策的协同化发展。

例如，我国生产要素市场化程度不高，地方政府往往通过低价提供土地、资源、能源等要素来招商引资及扶持本地企业，这会严重破坏公平竞争的市场秩序，并导致严重的产能过剩、企业创新与提升效率的动力不足等问题，严重影响经济效率。

因此，加快立法，把中央与地方的经济利益关系纳入法制化的轨道，树立中央政府在产业政策实施过程中的权威，避免地方政府出现“上有政策，下有对策”的行为。从中央与地方政府的博弈关系中，我们也不难总结出，只有当中央的政策能给地方政府带来利益时，政策才会得到执行并且在全社会得到很好的收益。所以，在加强立法的前提下要加强中央与地方产业政策利益的协调，使其协同发展，相互促进。

2. 产业政策的跨区域联动协同化趋势

随着全球经济持续增长和世界经济日益开放，不同区域产业之间的经济技术联系也日渐紧密和广泛，跨区域的产业之间既存在相互竞争、相互制约的关联，又存在互为补偿、互相支撑的关系，产业分工与合作水平对推动区域经济的协调发展意义重大。

进入 21 世纪后，科技发展与生产力水平提升进一步推动了产业分工向纵深发展，致使产业分工日益细化，范围更加广泛，方式更加多样化。无论产业部门间还是产业部门内，混合型分工逐渐多于单纯水平型或垂直型分工，呈现出全球范围内价值链要素分工的特性。配方、工艺、技术、信息等非物质性资源成为十分重要的分工要素。专业分工日益多方位、多样化、多层次，产业竞争和合作关系也因此变得更加复杂。然而由于受到经济、制度、技术等因素的限制，不同区域产业之间的合作并没有充分反映出产业合作的最大效应。

面对当前经济发展的需求与新的经济技术条件，有必要在理论上和实践中不断探索更加高效的产业合作方式，发挥区域产业间的协同作用，推动产业与区域经济的发展。因此，有针对性地从不同产业跨区域联动的需要出发，推出和实施跨区域的协同化产业政策，将会极大地在整体上促进区域优势资源互补，逐步解决区域经济不协调的问题。

3. 产业政策与贸易政策的协同化趋势

在传统意义上，产业政策被认为是一国内部的经济管理政策。但随着世界经济全球化的不断加深，各国在制定产业政策和贸易政策时也越来越受到世界贸易组织（WTO）贸易规则的约束和主要贸易伙伴国的影响。产业政策与贸易政策的冲突与协调问题逐渐成为各界关注的焦点。我国正处在新型工业化道路的关键时期，产业政策与贸易政策在相当长一段时期里将发挥重要和关键的作用，推动国内产业政策和贸易政策相协调，这对提升我国产业国际竞争力具有重要意义。

在现代不完全竞争的生产结构和规模经济存在的条件下，政府的贸易政策可以使不完全竞争市场上的企业竞争地位发生改变，应用贸易或产业政策影响策略互动的结果，使本国企业的竞争优势大大加强，从而对本国的产业发展起到巨大的推动作用。

产业政策的制定，要有利于企业依靠内生比较优势的发挥来提升贸易国际竞争力，关键在于技术创新。既要通过“干中学”积累基础储备，加大自主研发，也要积极吸收国外技术，处理好自主研发和技术引进的关系，使二者相互协同促进。

4. 产业政策与竞争政策的协同化趋势

竞争政策在传统上属于国内经济政策，是管理国内私人商业行为、保证市场流动性的一套规则，是体现国家维系整个经济体系中资源配置顺畅公平的原则与规则。竞争政策的实施会提高整个市场的效率，进而可以提高产业的效率，而且国家在制定反垄断法时同样会考虑其与产业政策的协调。

首先，竞争政策与产业政策的最终价值目标统一。《反垄断法》第一条规定："为了预防和制止垄断行为，保护市场公平竞争，提高经济运行效率，维护消费者利益和社会公共利益，促进社会主义市场经济健康发展，制定本法。"可见，维护公共利益是竞争政策的目标之一。同样，公共利益亦是产业政策追求的目标。"产业政策法保护的既不是单纯的国家利益、政府利益，也不是完全的社会个体的利益，而是同这两者既有密切联系又有明显区别的社会公共利益，即广大人民群众所享受的利益。"从另一个方面讲，竞争法与产业政策法同为经济法的组成部分，顾功耘教授认为，经济法的价值可以最终表述为"可持续发展的社会整体效益"，也就是竞争政策和产业政策的最终价值目标。

其次，竞争政策的实施为产业政策发挥作用创造基础。竞争政策的作用是维护市场机制的正常运行。而产业政策的作用正是在尊重市场作用的基础上，对市场的基础资源配置机制的补充，尤其是对市场失灵的领域进行促进。但是产业结构的合理化最终还是要依靠市场机制的调节，市场调节是产业政策无法离开的基础。市场机制的发挥需要市场竞争的正常进行，垄断和不正当竞争行为使得市场失去活力，竞争法正是通过消除市场障碍，使得市场机制继续发挥作用。从这个层次讲，竞争政策帮助产业政策实现其目标，为产业政策发挥作用创造基础。

再次，产业政策的实施为竞争政策的实施创造条件。"我国正处于体制转轨、经济转型的阶段，市场垄断建立在非发育完全的市场经济条件下，普遍存在企业规模小、生产分散化、企业市场集中度低等问题，导致本应存在一定集中度的行业过度竞争、生产效率低、资源浪费严重，从而使整个社会的经济效益和资源配置低下。"产业政策的实施可以促进产业资金、技术、能源、区域合理配置，实现企业的规模效应，促进该产业的企业整体竞争力的提高，从而解决企业规模小、生产分散化、企业市场集中度低的问题，为竞争政策的实施创造良好的市场条件。

(四)产业政策功能化

当代世界各国的产业政策可划分为以下两种类型:一类为功能性产业政策,来源于欧美发达国家的产业实践。另一类为选择性产业政策,以日本、韩国等工业后发国家为典型代表。对后起国家而言,选择性产业政策更有利于其克服发展基础薄弱、资源财力不足等对产业发展的制约,实现本国产业国际竞争力的快速提升。

选择性产业政策行之有效的基本前提,是政府能在各个时点上正确挑选出未来一段时期应该发展的产业、产品、技术与工艺。如果说改革开放以来的前35年里,由于我国工业整体技术水平与发达国家存在很大差距,无论是在产业结构的演变、技术、工艺路线还是在产品设计、商业模式等方面都有发达国家的经验可供借鉴模仿,还存在某些有利于实施选择性产业政策的条件,那么在经济新常态与新工业革命背景下,则不具备实施选择性产业政策的前提条件。

从消费需求来看,模仿型排浪式消费阶段基本结束,个性化、多样化消费渐成主流,政策部门更难选择应该培育什么消费产品、不应该培育什么消费产品。从投资需求来看,传统产业投资相对饱和,新技术、新产品、新业态、新商业模式的投资机会大量涌现,但是新的投资机会也意味着面临更大的不确定性,政策部门更难确知哪些新产品、新业态、新商业模式会成功并成为市场的主导。从技术与供给层面看,随着整体技术水平向技术前沿逼近,在新兴技术和产业领域已经没有可供借鉴的发达国家成熟经验,面临着与发达国家同样的高度不确定性。新工业革命则会给未来产业和经济发展在新产业、技术、市场、业态、生产方式与组织方式等方面进一步带来高度的不确定性,这使得基于传统产业发展经验的选择性产业政策完全失去了存在的基本前提,同时也使得激励创新与为企业提供更为有利于创新的制度与市场环境,必须成为整个产业政策的核心。在经济新常态与新工业革命背景下,政府部门更不可能"正确"选择"应当"扶持的产业、产品、技术与工艺,选择性的产业政策在很大程度上也不利于构筑激励与促进创新的制度环境和市场环境。

此外,从国际经验来看,很多国家和地区的产业政策都出现过由选择性模式向功能性模式转变的明显趋势。例如20世纪晚期,日本开始有意识地缩减选择性产业政策的应用范围,目前开始全面实施功能性产业政策。这不能不引起对我国产业政策未来发展方向的思考。

(五)产业政策制度化和法制化

学术界普遍认为,我国主要依靠行政力量推行的产业政策并不缺乏约束力和强制力,而且行政干预过于强烈和随意,正是这些原因恰恰阻碍了市场竞争机制决定性作用的发挥。此外,我国产业政策法律化程度低,约束力和强制力不够,导致政策在具体实施中难以达到预期效果。因此,在未来制定和实施产业政策时,有必要将政府产业政策上升为国家法律或法规,加强政府产业调控法治化建设。

所谓"产业调控法治",是指政府的产业政策制定和实施行为必须在权限范围内遵照法定程序进行,而且产业政策保障手段的设计和使用、产业政策反竞争效果的纠正、法律责任的承担等都要有法可依,以此抑制政府的盲目和冲动,促使政府在尊重市场理性的基础上干预产业发展。

为了保证产业政策的科学性、权威性和产业政策实施的有效性,应该对产业政策的制定和实施进行详细的规定。第一,产业政策应该由国务院会同有关部门进行统一制定。第二,要建立国家产业政策审议制度。有关部门提出的产业政策草案和对产业发展有重大影响的政策草案须经国家审查和协调,经过科学论证和民主审议后,才可以发布执行。第三,应该建立国家产业政策的实施保障制度,认真贯彻执行产业政策。通过建立产业政策的监督、检查及评价制度,可以对产业政策的实施进行监督、检查和分析,并根据经济形势、产业结构的变化,提出修改建议。第四,各省级地方人民政府可以根据要求,结合本地区实际情况,研究制定具体实施细则,并报国家有关部门批准备案。

第三章　产业政策参与新旧动能转换路径

加快新旧动能转换，是经济转型升级、提质增效的内在要求，也是全面建成小康社会、加快建设现代化强省的必由之路。21 世纪以来，推动经济增长的四大动力源泉——劳动、投资、资源和贸易对经济增长的贡献因人口结构变化、产能过剩、资源环境承载压力加大和国际贸易保护主义抬头等分别受到了明显的制约和限制，这些推动经济增长的传统动能日趋弱化，并逐渐演变为旧动能。特别是 2012 年以来，经济增长动能的减弱有持续加剧的态势，经济下行压力进一步加大[①]，并直接导致我国经济由高速增长阶段转入中高速增长阶段。与此同时，伴随新一轮更高水平对外开放、全面深化改革和创新驱动发展战略的深入推进，我国经济发展的新动能在不断集聚，有效弥补了旧动能减弱对经济增长的冲击。但旧动能改造提质的渐进性和新动能培育的高度复杂性与不完全可控性导致我国经济发展步入新旧动能转换接续的关口期，面临着巨大挑战。因此，探寻传统动能改造提质和新动能培育集聚的发展路径以实现经济高质量发展，就成为加快推进新旧动能转换亟待解决的重大课题。

一、基本概念

(一)新动能

经济领域的新动能[②]实质上就是经济发展的新动力，或通俗认为的新成长

---

① 王小广(2015)认为:“经济下行压力，是新旧动能转换的必然结果，是转型期的阵痛。”

② “动能”一词属于物理学的范畴，特指物体由于运动而具有的能量。借鉴到经济学领域，则强调推动经济发展而产生的前进能量。

起来的经济增长领域。一般包括新成长起来的产业、产业转型升级以及因创新而产生的新增长点等。从动能来源的角度看，新动能既来源于新技术、新产业等新兴领域，也涵盖传统技术和传统产业等传统领域。同时，新动能与“新经济”密切相关，而“新经济”实质上是一个不断探索经济发展新动能和尝试突破经济发展传统动能束缚的历史路径，这是一个实践探索和理论尝试同时并举的过程。新动能的培育不仅要有“量”的增长，而且还要有“质”的提高，应从经济发展所处阶段、经济结构和政府监管能力等多维度认识新动能。同时，新动能不仅应是经济增长的动力，而且还应成为优化经济结构和化解各类风险的动力。

总之，新动能作为经济领域的一个概念，关于其理解尚未形成统一标准，不同学者从不同的角度和领域进行了深入阐释。在参考相关学者观点的基础之上，本书认为经济新动能是一种经济发展全新的趋势性力量，即以互联网、物联网、大数据、云计算等新一代信息技术应用为基础，一系列相关技术突破为支撑，大量新技术、新产业、新业态、新模式快速涌现并汇聚成的产业发展新势能。新动能代表了先进生产力的发展方向，遵循了产业发展的基本规律。本质上，新动能的出现以技术突破为基础，又以技术的持续创新为内生动力，具备高科技含量的属性。同时，随着科学技术的进步，新动能的内容、范围将不断变化，加快经济发展的能量也将不断强化。

此外，新动能与旧动能是辩证统一的。一般而言，新动能的出现需要强大旧动能的支撑，旧动能不仅是新动能孕育发展的重要载体，而且改造、发展旧动能也能为新动能发展增添源源不断的能量。

（二）新旧动能转换

经济发展的实质是新旧动能转换的过程，而新旧动能转换则是经济发展的客观规律。[①] 长期来看，新旧动能转换的本质在于效率的提升。基于此，新旧动能转换并不是“非此即彼”的选择性问题，而是“交错互动”的融合性关系，互为前进的基础和动力。一方面要挖掘旧动能的新潜力，拓展旧动能的新空间，焕发新活力。刘凤良和章潇萌（2016）借鉴麦克米伦（McMillan，2014）的方法将经济增长动能分解为经济效率提升和经济结构转型两个方面，通过实证分析和国际对

---

① 黄汉权（2018）也认为，经济增长动能不是固定不变的，新旧动能更迭转换是普遍规律，并强调“经济增长的过程亦是产业新旧动能不断转换的过程”。同时，洪银兴（2018）也提出了类似的观点，即“每个经济发展阶段都有新动能，经济就是在新旧动能的转换中发展的。”

比后认为，在新动能定位上，我国应强调新技术对传统产业的改造，更加关注旧动能的提质增效问题。另一方面更要推动科技、体制、模式、业态等全方位的改革和创新，加快新动能的培育。我国经济要行稳致远，必须激发自动力，培育新动能。也就是说，新旧动能转换涵盖两个基本点，即旧动能提质增效和新动能培育集聚。此外，新旧动能转换的过程也是各种风险和矛盾加速释放的过程。因此，探讨新旧动能转换问题必须从传统动能与新动能融合发展的思路展开，探索新旧动能重叠式切换路径，同时既要防止新旧动能转换出现"空窗期"，坚决规避新旧动能接续可能存在的断档风险，保障经济的平稳运行，又要防止出现传统产业与新兴产业的"经济分化"加剧①，筑牢新动能持续发力的产业根基。

二、相关研究理论与评述

(一)经济发展动能的相关理论

1. 改革开放理论

自改革开放以来，我国经济保持了高速的经济增长势头，堪称经济增长的奇迹。近 40 年的经济增长历程中，我国取得了光辉灿烂的发展成就，其归根结底在于我国实施了改革开放的重大战略。

在改革开放过程中，我国的制度环境变得更加"亲和"。这直接激发了市场主体的创新活力和动力，数千年的"工匠精神"在改革开放浪潮中体现得淋漓尽致，使得千千万万的企业尤其是中小企业成为经济发展方式的践行者、创新驱动的实施者和新旧动能转换的推动者。改革开放形成的良性制度框架集聚了创新所需的各类资源，减少了创新主体面临的交易性成本，提升了创新的边际收益，极大地增强了市场主体的创新意识，推动了创新活动的实施。我国创新资源的数量和质量得到了极大改善和提升。几十年的教育改革，使我国的高等院校、高等科研院所的数量得到了较快的增长，科技研究人员的素质得到极大的提升，各类研究机构展开多种协同合作并且已经取得了丰硕的成果。我国与国际社会的合作日益密切，科技自主研发、国外引进的投入逐年增加，技术的引进广度和深

① 传统产业与新兴产业的"经济分化"加剧，一方面表现为要素资源和市场加速向新兴产业集聚，另一方面表现为传统产业的要素供给和市场份额加速收缩。这极易引发新旧动能转换的"硬着陆"，导致市场对立和经济波动。此外，王小广(2015)在论及新旧动能转换时，也强调要"化急调为慢调"，努力实现"软着陆"。

度得到了不断提升。

党的十八大开启了我国改革开放的新征程，新的征程需要开辟新的改革开放道路。当前，我国经济步入了新常态，我们面临经济发展方式的转变、经济结构的优化升级、经济增长速度的调挡、前期刺激政策的消化等。显然，改革开放越往纵深发展，发展中的问题和发展后的问题、一般矛盾和深层次矛盾、有待完成的任务和新提出的任务越交织叠加、错综复杂。当前，我国经济发展环境已经发生了深刻变化，而且这些变化导致了经济增长的诸多不确定性、不平衡性甚至不稳定性。那么，上述一系列问题的出路在何处？理论和实践一再证明，改革开放中的矛盾只能用改革开放的方法解决。

2. 市场化理论

党的十八大召开之前，党中央对市场机制的定调在于发挥市场机制的基础性作用。召开之后，党中央正式提出要发挥市场机制在资源配置中的决定性作用。前后表述的基调变化映射了最高决策层对市场机制决定性作用的高度认可。市场机制对创新的作用集中体现在其能够最大限度地激发市场主体的创新活力和动力，是迄今为止人类社会发现的最具效率的运行机制。我们可以从发达国家的经济发展史中窥见一斑。

发达国家的经济发展历程表明，市场机制的逐利本性驱使企业将创新过程常规化，对于市场配置中的激励机制，重点仍然放在市场机制的运作上以消除那些可能导向不良方向的激励机制。可见，市场经济能够消除不利于企业发展的制度性障碍，自动地成为制造大规模创新的机器。有学者进一步认为，解除管制能够增加企业家的数量。近期的研究甚至表明，我国经济改革的实质是市场化，市场经济的核心则是企业家精神的充分发挥。

无论基于理论还是发达国家的经济实践活动，我们均能够发现市场机制对创新活动的重要性。市场机制能以高效的方式集聚、整合、利用创新资源，给予企业家公平竞争的机会，激励企业不断创新，以优胜劣汰的竞争准则提升企业创新质量，如此方能确保创新驱动战略的顺利实施，方能顺利推进新旧动能转换。总而言之，市场化改革是我国未来制度变革的趋向，能够打破束缚创新主体的制度性枷锁，对创新主体乃至于整体的创新起到提质增效的作用。

3. 创新驱动理论

我国经济长久以来依靠要素投资增长方式，导致整个社会经济发展呈现高消耗、高污染、低效率以及低产出的特征，资本的边际投资回报率日趋下降，经济增长速度由高速转变为中高速。传统的经济增长方式已经难以为继，我国经济逐步过渡到新常态。为进一步挖掘我国经济增长潜力，提升经济增长质量，提高经济增长效率，党中央、国务院适时提出并实施了诸多重大经济发展战略。创新驱动发展战略就是为了彻底转变当前的经济增长方式而适时提出的，以创新驱动发展战略引领新旧动能转换成为当前全国各地区经济发展的重点战略任务。

据考证，创新驱动的概念由美国学者迈克尔·波特最早提出，他认为创新驱动是经济发展的阶段之一。党的十八大报告正式提出创新驱动发展成为重大战略，这表明决策层对转变传统经济增长方式的决心。随后，国内学者也对此进行了大量的研究，如国内学者洪银兴提出创新驱动即为创新在经济增长中的主动作用。许多奇(2018)从新税制改革方面研究了创新驱动发展战略，认为税收制度的创新能够与科技创新形成“双轮驱动”。柳卸林等(2017)认为创新驱动发展的制度选择应该建立完善的科技创新体系、强调创新人才的重要性、改革现有的知识产权政策、融入全球网络并获取全球资源。裴小革(2016)基于马克思主义的政治经济学研究了创新驱动，认为创新驱动能力的大小不仅由人力投资的数量决定，而且还由人们如何使用它们的劳动来决定，包括人的教育学习实践、劳动工作实践和创新驱动实践。

现有典型的创新驱动研究表明，创新驱动需要集聚、整合多方人力、财力、物力等资源，需要多个机构、部门的协调配合，最终形成螺旋式互动发展的系统环境。发达国家具体的创新发展经验，如硅谷的创新路径，也表明在高等研究院、实体企业、政府以及金融机构的协同配合下，人力资源、物力资源、制度资源、金融资源等创新资源才能被高效地应用于科技的研究、技术的商业化发展，以至于最终形成大学、企业、政府以及金融机构等创新主体螺旋式发展、不断上升的创新生态系统。

4.制度变革理论

制度对经济影响研究的集大成者莫过于新制度经济学。其认为制度对经济绩效有重要影响，制度变革对不同时期的经济绩效存在根本性影响。而经济绩效的重要实现者是千千万万的企业，企业便成为连接制度环境与经济绩效的纽带。市场的创新主体——企业家认为，制度框架的边际变革能够给予企业家提供更加良好的生存环境，这对于激发企业家精神、挖掘企业家潜力、释放企业家活力均具有重要的理论意义和现实价值。

然而，制度环境既包含有助于生产效率提升的因素，也囊括了抑制生产率提升的因素，制度就是一个“混合的袋子”。西方发达国家的经济发展史给我们展示了制度与经济关系的直观画面。19世纪以来的美国经济发展历程表明，良好的制度环境是经济增长保持持久活力和动力的关键性因素。

在我国经济步入新常态的新时代，我们面临经济增长速度的换档期、经济结构调整的阵痛期以及前期刺激性政策的消化期等三期叠加的局面。同时，我们更面临经济发展方式转变的重大调整时期。针对上述同一时期的不同困境，党中央、国务院的集体智慧给予了重大指示和战略部署。自党的十八大以来，党中央和国务院先后召开一系列会议对我国目前的制度环境在诸多领域尤其是企业发展领域进行了实质性的变革。在市场和政府关系方面，党中央和国务院提出要发挥市场机制在资源配置中的决定性作用，更好地发挥政府的作用；在降低企业发展困境方面，政府部门正在研究明显降低企业税费负担的政策，支持民营经济发展；在金融制度环境方面，召开第五次全国金融工作会议并强化金融对创新驱动的支持力度，确保金融的“活水”流向最具创新活力的企业，使金融回归本源；在创新创业方面，明确提出“大众创业，万众创新”的号召，实施创新驱动重大战略部署，加快新旧动能转换等一系列有助于创新的政策密集落地。与此同时，中共山东省委、省政府认真落实党中央和国务院的战略部署，在支持非公有制经济发展方面，制定了支持非公有制经济发展的十条意见、支持民营经济高质量发展的若干意见；在降低实体经济发展成本方面，省政府制定了进一步降低山东省实体经济企业成本、减轻企业税费负担的实施意见等。

显然，上述一系列制度性规定的出台，表明在我国经济处于“三期叠加”的重要阶段，在我国经济转变经济发展方式的关键时期，党中央、国务院对制度环境与经济增长、企业发展、企业家创新精神的激励关系更加重视，密集性的制度变革势必能够为我国经济长期、稳定、高速、高效、高质量的发展和增长提供政策性、制度性以及法治性保障。

（二）经济发展动能转换路径现状研究

国内学者关于经济发展动能转换路径的研究较为少见，系统的转换路径研究更是凤毛麟角。黄少安(2017)研究了新旧动能转换与山东经济发展的关系，认为山东经济发展与全国经济具有同质性，但在新旧动能转换过程中，山东也有自己的特色。这些特色主要表现在以下几个方面：着眼于需求，在投资、消费和出口增长动力结构上，继续加大投资；从供给角度看，必须从产业结构和产业升级维度上寻求增长动力，主要是依靠新技术、新管理，将提升既有产业水平与培育新兴产业结合起来；政府对产业的升级和产业结构的优化主要通过改善要素结构间接而为；克服山东经济板块的相对独立性和孤立性；政府管理方式改革、国有企业改革和民营企业改革三管齐下、相互联动，寻求改革最大动力和红利；优化文化环境、营商环境、识人用人机制。张文和张念明(2017)认为在当前供给侧结构性改革导向下，我国新旧动能转换基本面相呈现为：基于需求变动的发展动能后劲不足、基于要素供给的发展动能约束凸显、基于产业供给的发展动能亟待升级、基于制度供给的发展动能迫需改革。在供给侧结构性改革导向下推进我国新旧动能接续转换，应在明确目标定位与基本原则的基础上，通过强化融合发展、开放发展与改革创新，加速形成有利于新旧动能转换的现代产业支撑体系、新需求体系、创新体系与现代规则体系。朱益超(2016)研究了我国劳动生产率增长动能转换与机制创新的关系，认为我国劳动生产率动能转换与机制创新的主要方向和着力点在于强势推进产能转型升级、居民增收扩消、劳动扩量提质、资本深化量质并举、工业经济强身健体、新型城镇化改革和要素配置优化调整。杨蕙馨和焦勇(2018)分析了新旧动能转换的理论探索与实践研判，认为新旧动能转换包含要素、企业、产业和社会四个层面的着力点。新旧动能转换存在从政府主导走向政府引导、从经济领域走向社会领域、从重点示范走向全面推进、从要素驱动走向创新驱动、从渐进式革新走向颠覆性创新等多条发展路径。

(三)研究评述

传统的经济发展模式集中表现为要素驱动型增长方式，党的十八大明确提出创新驱动发展战略，要通过新旧动能转换引领我国经济发展方式的转变和经济结构的优化升级。我们通过梳理，发现学术界对经济发展动能转换路径的研究主要集中在某一方面，如基于供给侧角度、基于我国劳动生产率增长视角等，但系统性的动能转换路径仍需要进一步探索和试错。另外，尽管黄少安对新旧动能转换与山东经济发展进行了研究，但主要集中于文字层面的描述，并未形成严谨的定量性研究。显然，专门研究某个省份的经济动能转换亦较为欠缺。综上所述，既往研究相对不足，主要表现在以下几个方面：其一，对动能转换可能性路径缺乏严谨性的定量化研究。既往理论研究主要集中在文字层面的描述性论文，鲜有学者采用数据对动能转换进行统计性描述，严谨性计量研究更是凤毛麟角。其二，尚未形成动能转换模型推理。既往动能转换理论文献缺乏足够的局部均衡模型甚至一般均衡模型支撑。其三，动能转换可能性路径亦缺乏系统的逻辑性分析和推导。上述研究待完善之处为本书的研究指明了方向。

三、新旧动能转换路径的作用机理

宏观上，新旧动能转换路径主要涵盖开放(O)、改革(R)和创新(I)等三大路径，即ORI模型。本质上，这三大路径依靠开放动能、改革动能和创新动能发挥作用，不仅对于传统产业的改造具有重要作用，而且对于新经济、新动能的培育更是至关重要。因此，在论证三大路径作用机理的过程中，本书也探讨了三大动能的作用机制。

(一)开放路径

改革开放40年来，我国经济得益于"开放红利"的驱动，经济发展取得了巨大成就。但是金融危机以来，伴随全球经济进入深度调整期以及我国经济步入新常态，我国对外开放面临新形势，亟待推动形成全面开放新格局。所谓"全面开放新格局"，是在借鉴和吸收我国过去对外开放成功经验的基础上，重新审视对外开放战略和政策思维：一方面突破传统开放的体制约束与观念束缚，实现对传统开放动能的提质增效；另一方面进一步推进对外开放的多维度拓展与深化，培育和集聚新动能。因此，新时代的全面开放改革便成为推动新旧动能转换、实现经济高质量发展的一条重要途径。

新旧动能转换的全面改革路径主要通过产业专业化机制、溢出效应机制、竞争效应机制和市场效应机制发挥作用。第一，国际贸易带来的分工专业化能够有效提高国内劳动生产率。无论对于传统产业还是新经济，全面开放的多边贸易体制必然会进一步深化各地区产业的专业化程度，而专业化程度的进一步提升也必然会提升各地区的资源配置效率。特别是对于新兴产业而言，全面开放的贸易可以更有效地配置各地区的知识、技术以及创意等要素资源，提高新兴产业的专业化生产水平，促进新兴产业快速发展。第二，全面对外开放必然会进一步扩展、深化与先进知识、技术和管理经验等接触的广度和深度，进而强化溢出效应。[①] 一方面，国内企业可以通过知识和技术溢出，主动学习先进技术和经验，促进自身生产效率和创新能力的提升；另一方面，非进出口企业也可以通过产业链直接或间接接触到先进的技术和经验，产生"二次溢出"，进而不断加速先

① 相对于出口贸易而言，进口贸易是一种更为直接的国际技术扩散渠道，其溢出效应也更为明显。此外，本国通过进口贸易往往能直接分享到贸易伙伴国研发投入的成果。

进科技、知识和理念在国内的渗透。而从新旧动能转换的角度，全面开放产生的溢出效应机制对传统动能提质增效和新动能培育集聚的作用往往交织在一起，共同发力，其最终结果往往表现为产业整体效率水平的全面提升。第三，全面开放必然要面临来自国内外或区域内外两个市场的竞争，因而竞争会愈加激烈：一方面，必然会倒逼国内传统产业改进技术，改善管理，提高资源配置效率；另一方面，欧美等发达国家在新兴产业方面具有较大优势和较强竞争力，因而新兴产业面临的竞争也将更为激烈，也必然会促使高质量的要素资源不断向新兴产业集聚，以抢占产业链的高端位置，进而促进国内新兴产业的发展。第四，全面开放也意味着广阔的海外市场，特别是新兴国家市场和"一带一路"沿线国家和地区市场。这些市场一方面可以为国内传统产业的产能输出开拓空间，刺激传统产业自主开展提质增效，另一方面也可以为国内新兴产业与发达国家新兴产业的竞争提供缓冲空间，有利于对产业新动能的保护与培育。

(二)改革路径

1. 产业结构优化路径

产业转型升级和结构优化是供给侧结构性改革的重要着力点和主导方向，更是推动新旧动能转换的强大支撑。同时，结构变化也被视为经济增长动能的一个独立的重要来源。① 根据"结构红利"假说，产业转型升级和结构优化具有显著的结构效率②，能够带来强劲的结构性增长，而且会更具稳定性和可持续性。因此，根据路径分析理论，产业转型升级和结构优化③也为实现新旧动能的有序转换提供了一条有效的途径。进一步来看，新旧动能转换的结构优化路径仍然涵盖传统动能提质增效和新动能培育集聚两个方面。从传统动能提质增效的角度来看，产业结构优化能够有效提高传统产业的资源配置效率。传统产业间产业效率的差异性是产业结构优化的基本势能。产业结构优化可以促使生产要素从低效率的产业部门向高效率的产业部门转移，同时在转移过程中为适应

---

① 根据产业经济学的经典理论，产业结构调整被视为经济增长的内在需求和主要推动力。

② 本质上，结构效率体现为产业整体生产效率超过各产业部门生产效率加权和的余额。同时，结构效率的实现必须满足两大前提条件：一是产业间必须存在要素转移，并导致产业要素份额的相对变动；二是产业间生产率或增长率水平存在差异。

③ 产业转型升级与产业结构优化既有区别又有联系：产业转型升级侧重单一产业自身的升级改造，而产业结构优化则不仅关注单一产业自身发展质量的提升，而且还强调产业间比例关系的调整。为简单起见，此处将产业转型升级包含在产业结构优化的概念之中。

高效率产业对生产要素质量的要求，生产要素自身也必然会完成相应的改善或提升。即产业结构优化既能提高要素资源结构比例的质量，又能改善要素资源自身的质量，最终也就必然会提高要素资源的配置效率，进而推动产业整体的转型升级，促进传统动能提质增效。从新动能培育的角度来看，一方面，新一轮科技革命带来的产业变革形成了新的发展动能。伴随大数据、云计算、人工智能、集成电路、高端软件、物联网、空天海洋、生命科学、量子技术和虚拟现实等新技术的蓬勃兴起，知识、技术、创意等要素资源加快从传统产业向高技术、高效率的未来产业转移。① 同时，要素资源在未来产业中的再配置也会加速新兴产业的发展，从而为经济增长注入新动能。另一方面，产业结构优化为新旧动能转换开拓了新的发展空间。产业结构调整是一个"创造与破坏并存"的过程。在这一过程中，通常伴随着行业之间、企业之间产品结构剧烈转换、资本构成持续提高以及部分传统产业急剧衰退，提升生产效率和维持经济增长面临巨大挑战，亟需新兴产业填补，进而为新兴产业发展提供了巨大发展空间。

2.市场化改革路径

在新制度经济学理论框架之下，市场化改革实质是制度变革，市场化进程即为制度变迁过程。现阶段，市场化进程持续推进已经成为我国经济高质量发展的重要驱动力量。而与此同时，新旧动能转换的实质又在于经济低效率改善和资源配置效率提升。理论上，市场化进程推进一方面能够提高传统产业资源配置效率，进而实现传统动能提质增效；另一方面也能为新兴产业发展创造更为宽松、活跃的市场环境，更为自由、灵活的制度安排以及更为广阔的发展空间，进而促使产业新动能集聚迸发，助力新旧动能转换深入推进。因此，从这一角度看，开放视角下市场化进程便成为推动新旧动能转换的重要路径之一。②

第一，市场化进程推进是一个长期过程。在此过程中，政策性激励③一直作为我国市场化进程的主要驱动力量，进而推动着我国经济的持续快速增长。近年来，随着我国经济发展进入新常态，政策性激励引致的市场化进程对经济发展

① 此外，部分传统产业的衰退或退出必将释放大量土地和资金等基础要素资源。在市场机制作用下，这些要素资源必然会向发展前景更广阔、利润更丰厚的新兴产业加速转移。

② 《2017中国产业发展报告——新旧动能转换》中也提出了类似的观点，即市场的对内对外开放能够提高产业的整体发展效率，释放产业的新动能。此外，在新旧动能的市场化改革路径中，传统动能的提质增效和新动能的培育集聚往往交织在一起，共同发力。

③ 政策性激励也就是某些地区凭借获取的更为宽松而灵活的市场准入和监管政策促进本地区经济的发展，例如经济特区和沿海开放城市的设立等。

的"红利"正在逐步衰减[①]，亟需进一步深化改革支撑，也就是说需要由政策性激励向制度变革转变，祛除政策性扭曲对市场化进程的干扰，为市场化进程有序推进和不断深化提供制度性保障，进而逐步"使市场在资源配置中起决定性作用"。因此，制度变革引致市场化不仅能够从根本上降低政策扭曲产生的经济低效率，而且还能够显著提升资源配置效率。从新旧动能转换角度看，制度变革引致市场化进程推进，一方面可以降低或祛除政策性扭曲对传统产业的束缚，进一步挖掘传统产业的发展动能，实现传统产业体制的提质增效；另一方面也可以促进要素资源自由流动，特别是向新兴产业集聚，进而为以新技术、新产业、新业态和新模式为主要特征的新经济发展培育和集聚发展动能。

第二，从要素资源质量改善角度看，区域市场化进程不断深入一方面会对区域外部高质量要素资源流入创造巨大吸引力，另一方面会倒逼本地区粗放性要素资源退出或质量提升，也会提高本地区要素资源供给质量，进一步活跃要素市场，实现要素资源配置效率再提升，因而，最终必然会推动整体经济效率的改善。

第三，市场化进程推进能够有效降低制度性成本[②]，进而释放巨大的经济动能潜力。现阶段，政府过度干预经济发展，频频"越位"，而在市场有效监管方面屡屡"缺位"的问题仍时有发生，从而导致众多企业在市场灰色地带"野蛮生长"，对市场经济有序、公平、公正运行产生巨大阻碍。因此，通过市场化进程深入推进，推动地区营商环境改善以及政府服务效能提升，必将有效降低企业制度性成本，同时也使企业更关注于核心竞争力的构建而非与政府关系的改善，这是提高区域经济潜在动能的重要可行途径。

第四，从价值链角度看，只有市场化建设不断完善，才能顺畅与国际市场深度对接和融合。更进一步来看，市场化进程持续推进便成为深度参与国际价值链分工并抢占价值链分工高端位置的重要途径。这既为传统产业升级改造带来了压力，也为新经济的大发展开拓了广阔空间。

（三）创新路径

创新驱动发展既是对现有均衡的打破与扰乱，也是对要素资源的重组与盘活。一方面，创新可以通过新技术促进分工专业化，提高要素资源生产效率和产

---

① 理论上，政策性激励必然会对要素价格和要素流动产生非市场性的干扰，进而导致政策性扭曲，最终对市场化进程产生阻碍。

② 此处，制度性成本主要涉及在政府对企业过度干预的情况下，企业为实现合法经营运行而遵循政府制定的各种制度、规章以及政策等所额外支付的成本，或为改善与政府关系而付出的隐性成本。

出率，进而打破现有产业均衡，实现传统产业升级改造；另一方面，创新在区域和产业间扩散和溢出，能够促进要素资源在更广范围内流动和再配置，并实现深度重组与盘活，产生新的驱动力量，促进经济高质量发展。也就是说，创新驱动发展具有激活存量动能和培育增量动能的双重作用。同时，在经济新常态实践中，创新已经成为引领发展的第一要务。① 因而在现阶段，创新驱动发展既是我国经济新常态的重要内容，又是推动新旧动能转换的重要路径。一方面，从新动能培育集聚角度看，创新驱动路径的核心在于以“新技术、新产业、新业态、新模式”为主要特征的新经济培育。21 世纪以来，伴随新一轮科技革命和产业变革加速孕育、集聚迸发，新经济正在引发国际产业分工深刻变化和国际经济格局重塑。新经济具有鲜明的发展先导性、知识密集性和网络融合性特点。发展先导性是指新经济代表了未来产业的发展方向以及未来人们对高级绿色工业文明的需求，愈发成为引领未来产业变革和抢占全球价值链分工高端位置的重要驱动力量，影响着经济高质量发展方向和加速度。知识密集性是指新经济的基础在于技术变革和知识创新，能够有效推动和催生新技术，进而引发生产方式和生产组织模式等全方位变革。网络融合性是指新经济往往涉及多个产业跨界融合、集成与渗透，具有显著的网络扩散效应。由此可见，新经济的特点也恰恰是新动能的本质内涵。也就是说，新经济发展与新动能培育集聚具有一致性，二者是一个问题的两个方面，是现象与本质的关系。另一方面，从传统动能提质增效角度看，创新驱动路径是指传统产业技术水平逐渐收敛于较高技术水平的过程，特别是中低技术产业部门技术水平向高技术产业部门趋近的过程，其本质是高技术产业创新向中低技术产业转移和扩散。传统动能提质增效创新驱动路径的核心在于传统产业间技术密集度差异而导致的知识溢出和扩散，而且主要是通过嵌入驱动、协同驱动和融合驱动等三大驱动机制②发挥作用的。嵌入驱动，强调在产业间知识势差的作用下，强化产业间的弱联结关系（关系嵌入），提高产业间的创新互动频率和产业关联性，或占据更多的“结构洞”③（结构嵌入），促使关键结点不断向创新优势地位移动，来缩小和平衡产业间的知识差距，进而推动中低技

① 十九大报告中明确指出：“创新是引领发展的第一要务，是现代化经济体系建设的战略支撑。”

② 理论上，由于创新属性、市场条件和制度环境等内外部条件的变化，嵌入驱动、协同驱动和融合驱动等三大驱动机制具有时间上的连续性和空间上的并存性：既可以顺次递进、相互转换，也可以共生演化。

③ 根据结构洞（Structural Holes）理论，关系性嵌入强调产业间弱联结关系的强化，而结构性嵌入则强调对结构洞位置的控制。

术产业向高技术产业演化的进程。[①] 协同驱动，强调产业间以价值链为纽带而趋向于垂直或纵向协作创新关系发展的过程。也就是说，伴随中低技术产业创新能力强化以及知识技术水平积累，产业间生产网络和创新网络的异质性逐渐淡化并呈现出同质化趋势，进而推动中低技术产业与高技术产业共生、协同发展。[②] 融合驱动，强调创新驱动从产业间向产业内转化。经过嵌入驱动和协同驱动之后，产业间新系统日趋一体化，且创新要素逐步由局部聚集向全面分散转变，中低技术产业完成“高技术化”（或高技术产业完成“去高技术化”）。[③]

---

① 在嵌入驱动机制作用之下，高技术产业创新对中低技术产业的驱动效应显著，中低技术产业的创新能力能够得到快速提升，且其知识技术水平也会快速向高技术产业靠拢，呈现出产业间“收敛式”的互动发展态势。

② 在协同驱动机制作用下，中低技术产业创新系统的柔性和灵活性下降，高新技术产业创新对中低技术产业的驱动作用也随之弱化。同时，协同驱动机制也容易导致路径依赖，即中低技术产业被锁定于高技术产业的创新路线之中，导致创新驱动“瓶颈”的出现。

③ 融合驱动是高技术产业对中低技术产业驱动的高级阶段，之后产业发展呈现出“并行式”的发展态势。

第四章　新旧动能转换的路径选择
——基于 ORI 模型

一、研究设计

(一)模型构建

在理论探讨的基础上,本书构建了基于开放(O)、改革(R)和创新(I)的 ORI 理论模型,并在这一模型引导下详细探讨了推动新旧动能转换的开放路径、改革路径和创新路径。为进一步验证理论模型实践意义,需要基于理论模型进一步抽象出实证检验模型。

基于简洁性和实用性考量,此处直接将 ORI 模型引入生产函数,构建出检验新旧动能转换路径实践效用的实证模型。

$$\ln LDR_{it}=\alpha_1\ln CRM_{it}+\beta_1\ln CRI_{it}+\gamma_1\ln CRS_{it}+\theta_1\ln K_{it}+\vartheta_1\ln L_{it}+\mu_{it} \quad (4.1)$$

$$\ln TFP_{it}=\alpha_2\ln CRM_{it}+\beta_2\ln CRI_{it}+\gamma_2\ln CRS_{it}+\theta_2\ln K_{it}+\vartheta_2\ln L_{it}+\mu_{it} \quad (4.2)$$

$$\ln ROI_{it}=\alpha_3\ln CRM_{it}+\beta_3\ln CRI_{it}+\gamma_3\ln CRS_{it}+\theta_3\ln K_{it}+\vartheta_3\ln L_{it}+\mu_{it} \quad (4.3)$$

(二)变量选取

1. 被解释变量

(1)劳动生产率(LDR)。劳动生产率实质上是一种单要素生产率,即在特殊函数设定下扣除要素贡献后劳动均产出的残差。但一般情况下,文献中多用劳动均产出对劳动生产率进行近似衡量。这主要是因为,现有研究发现,劳动均产出与严格意义的劳动生产率间具有极强的相关性[①],而且现实中完美意义的

① 霍尔和琼斯(Hall & Jones,1999)的研究测算表明,各国劳动均产出对数与哈罗德中性的劳动生产率对数间的相关性系数高达 0.89。

劳动生产率也难于从现实数据中估算得到。因此，本书借鉴唐东波和梁婧等的做法，不再严格区分劳动均产出与劳动生产率的区别，即将劳动均产出直接视为劳动生产率的等价变量。

(2)全要素生产率(*TFP*)。关于 *TFP* 值，其测算方法较为复杂，一般而言主要包括前沿和非前沿方法，或参数和非参数法。其中，数据包络分析(DEA)是一种基于决策单元(DMU)间相对比较的前沿非参数效率分析方法。在利用 CCR 模型计算 *TFP* 值时，必然涉及模型导向问题。一般而言，如果将增加产出作为提高效率的主要途径，则应选择产出导向模型。因此，本书在规模效率不变(*CRS*)的假设之下，采用产出导向的 CCR 模型计算 *TFP* 值。

(3)投资回报率(*ROI*)。确切来说，投资回报率是指估计资本的投资回报率，也称为“资本回报率”，是被普遍接受的、用于衡量资本投资效率的重要指标，是经济发展质量的重要体现。投资回报率计算较为复杂，为简洁起见，本书借鉴陆振朋的做法，将利润与投资额的比值代指投资回报率。

2.解释变量

(1)开放路径，主要通过各区域市场化指数(*CRM*)进行考查。市场化指数是一个复合型指标，主要涵盖政府与市场的关系、非国有经济发展、产品市场发育程度、要素市场发育程度以及市场中介组织发育和市场法制环境等五个方面。其数据来源于《中国市场化指数——各地区市场化相对进程 2011 年报告》和《中国分省份市场化指数报告(2018)》。

(2)改革路径，侧重产业结构改革与优化，主要通过高新技术产业化(*CRS*)进行衡量，且涵盖高新技术产业化水平和高新技术产业化效益等内容。其数据来源于《中国区域科技创新评价报告》。

(3)创新路径，主要通过各区域科技创新指数(*CRI*)进行考查。科技创新指数也是一个复合型指标，主要涵盖科技创新环境、科技活动投入、科技活动产出、高技术产业化和科技促进社会发展等五项内容。其数据来源于《中国区域科技创新评价报告》。

(三)数据说明

为保证研究的可检验性，本书数据均来自公开出版的统计年鉴、研究报告和政府公报，主要包括《中国工业统计年鉴》《中国市场化指数》《中国分省份市场化指数报告》①、《中国区域科技创新评价报告》②、国研网《工业统计数据库》和统计局官方网站等。此外，缺失数据通过各省（市、区）的统计年鉴或线性插补法补齐。

各主要变量的描述性统计如表 4-1 所示。

表 4-1　　**变量衡量指标、符号及其描述性统计（全国）**

项目	衡量指标	符号	样本	均值	标准差	最小值	最大值
解释变量	市场化指数	*CRM*	480	7.192	2.420	2.370	14.650
	科技创新指数	*CRI*	480	45.867	14.645	20.570	85.360
	高技术产业化指数	*CRS*	480	41.174	17.075	8.080	83.610
被解释变量	劳动生产率	*LDR*	480	5.606	3.268	0.769	15.538
	全要素生产率	*TFP*	480	0.742	0.200	0.327	1.258
	投资回报率	*ROI*	480	0.065	0.034	0.008	0.239
控制变量	资本投入	*K*	480	4.80×10^3	4.54×10^3	1.81×10^2	2.83×10^4
	劳动投入	*L*	480	2.71×10^3	2.98×10^3	1.09×10^2	1.57×10^4

二、单整与协整检验

为避免伪回归出现，在进行实证回归分析之前，需要对数据进行严格的单整检验与协整检验，以考查数据的平稳性等。

在单整分析中，鉴于单整分析方法的多样性和应用的复杂性，以及单整分析在学术上存在的较大争议问题。此处综合采用相同单位根和不同单位根两种方法进行分析，且每种检验方法又采用多种检验手段，从而最大程度地确保数据的平稳性。其检验结果如表 4-2 所示。

① 需要说明的是，此处对市场化指数进行了技术性处理，以尽量增强连续年度数据的可比性。

② 《中国区域科技创新评价报告》由国家科技部主持编制，其报告曾有《全国科技进步检测报告》等名称。

表 4-2　　主要变量单位根检验结果

变量	LLC 检验 t 统计量	Breitung 检验 t 统计量	IPS 检验 W 统计量	Fisher-ADF 检验 χ^2 统计量	Fisher-PP 检验 χ^2 统计量	检验结果
ln*CRM*	−10.832***	—	−3.683***	107.195***	141.347***	平稳
ln*CRI*	−11.105***	—	−4.363**	117.000**	46.771	平稳
ln*CRS*	−9.027***	−2.823***	−4.963***	118.962***	144.785***	平稳
ln*LDR*	−12.853***	—	−5.523***	151.875***	294.218***	平稳
ln*TFP*	−9.587***	—	—	191.661***	226.904***	平稳
ln*ROI*	−2.909***	—	−2.356***	89.407***	137.889***	平稳

注：***、**和*分别代表在1%、5%和10%水平上显著。

表4-2显示，无论在相同单位根假设（LLC检验和Breitung检验）还是不同单位根假设（IPS检验、Fisher-ADF检验和Fisher-PP检验）条件下，各变量均能在1%的水平上拒绝原假设，即各变量都是零阶单整的。

在单整检验基础上，也有必要进一步进行协整检验，以考查变量的长期稳定性联系。此处采用Kao检验和Pedroni检验两种方法进行协整检验。这两种检验方法较为类似，二者仅在第一阶段回归时存在区别。[①] 此外，Pedroni检验包含7个统计量，但一般而言Panel ADF-Statistic和Group ADF-Statistic的稳定性更好。各模型的协整检验结果如表4-3所示。

表4-3显示，各模型的Kao检验和Pedroni检验均在1%的水平上拒绝原假设，即各模型均存在协整关系。

表 4-3　　协整检验结果

检验方法	统计量	LDR模型	TFP模型	ROI模型
Kao检验	ADF t-Statistic	−7.067***	−3.327***	−2.469***
Pedroni检验	Panel ADF-Statistic	−2.922***	−2.687***	−5.470***
	Group ADF-Statistic	−4.916***	−5.033***	−6.474***

注：***、**和*分别代表在1%、5%和10%水平上显著。

① Kao检验在第一阶段回归时，强调模型必须且仅包含个体效应，同时模型中外生变量系数是齐性的。

三、实证分析

(一)基准回归分析——基于 OLS 方法

在单整和协整检验基础之上,采用 OLS 方法对各模型进行基准回归分析(见表 4-4)。

首先,从开放路径角度看,市场开放程度或市场化进程对劳动生产率影响最为显著(1%的显著性水平),强度也较大。与此同时,市场化对全要素生产率和投资回报率的影响则相对较弱,且稳定性也较差。其次,从创新路径角度看,科技创新对经济高质量发展始终具有较为显著的正向效应(显著性水平均在 5%以上),且对投资回报率的正向效应最为显著,影响强度也较大,对劳动生产率的影响适中,而对全要素生产率的影响则相对较小。此外,从滞后项看,科技创新的影响作用会得到延续,但对投资回报率的延续效果不强。最后,从改革路径角度看,产业结构优化对劳动生产率、全要素生产率和投资回报率的影响均不显著,且在作用方向上也存在区别。此外,从滞后项看,产业结构的作用效果并不具备规律性。

表 4-4　　　　基准回归分析

变量	ln*LDR*		ln*TFP*		ln*ROI*	
	模型 1	模型 2	模型 3	模型 4	模型 5	模型 6
ln*CRM*	0.775*** (7.246)	0.799*** (6.140)	0.042 (0.376)	0.070 (0.529)	0.668** (2.527)	0.338 (0.947)
ln*CRI*	0.353*** (4.958)	0.409*** (4.418)	0.204** (2.387)	0.274** (2.519)	0.533*** (3.278)	0.625*** (2.997)
ln*CRS*	0.061 (0.861)	0.053 (0.902)	−0.025 (−0.301)	−0.026 (−0.389)	−0.278 (−1.433)	−0.161 (−0.762)
L. ln*CRI*	0.452*** (6.364)		0.205** (2.537)		0.347 (1.456)	
L. ln*CRS*		−0.007 (−0.195)		−0.021 (−0.619)		−0.237** (−2.662)
L2. ln*CRS*		0.145*** (2.861)		0.047 (0.939)		0.026 (0.169)

续表

变量	ln*LDR*		ln*TFP*		ln*ROI*	
	模型 1	模型 2	模型 3	模型 4	模型 5	模型 6
ln*K*	0.608***	0.616***	0.016	0.005	−0.648***	−0.538**
	(12.288)	(10.757)	(0.225)	(0.065)	(−3.030)	(−2.404)
ln*L*	−0.237**	−0.143	0.159	0.250**	0.903***	1.060***
	(−2.404)	(−1.404)	(1.448)	(2.094)	(3.061)	(3.762)
Constant	−6.355***	−6.126***	−3.171***	−3.391***	−7.841***	−7.958***
	(−10.736)	(−11.056)	(−5.060)	(−5.373)	(−6.581)	(−6.468)
F 统计量	356.8	318.6	11.75	9.377	7.232	5.083
截面数	30	30	30	30	30	30
观测值	450	420	450	420	450	420
Adj_R^2	0.956	0.947	0.508	0.473	0.184	0.201
备注	固定效应	固定效应	固定效应	固定效应	固定效应	固定效应

注：本表计量结果由 Stata/SE 15.1 给出，其中*、**和***分别表示在 10%、5%和 1%水平上显著，括号内数值为对应统计值的 t 统计量。

从上述分析可以看出，开放路径、改革路径和创新路径对劳动生产率、全要素生产率和投资回报率的作用效果较为复杂，并没有呈现出较强的规律性。因此，有必要进一步探讨变量间的内生性问题，进而检测回归结果的可靠性。

(二)考虑内生性的回归分析——基于 IV-GMM 方法

在基准回归分析前提下，为了降低变量内生性对回归结果的干扰，同时也为了提高估计方法的效率①，此处进一步采用 IV-GMM 方法进行回归分析，其回归结果如表 4-5 所示。内生性检验 *P* 值表明各模型确实存在内生性问题，这便验证了基于 OLS 的基准回归分析确实存在一定偏差，进一步开展 IV-GMM 分析是必要的。同时，回归结果中各模型的 Hansen 检验也表明工具变量的选取是合理的，回归估计是可靠的。

① 一般而言，当工具变量个数多于内生变量时，GMM 估计方法更具效率性。

表 4-5 **考虑内生性的回归分析**

变量	lnLDR			lnTFPC			lnROI	
	模型 7	模型 8	模型 9	模型 10	模型 11	模型 12	模型 13	模型 14
lnCRM	0.875*** (8.448)	0.970*** (8.548)	0.971*** (8.553)	0.170* (1.937)	0.161* (1.830)	0.240** (2.435)	1.185*** (4.405)	1.181*** (3.796)
lnCRI	0.316*** (3.692)	0.356*** (3.244)	0.350*** (3.195)	0.155* (1.735)	0.157* (1.755)	0.231** (2.149)	0.307 (1.370)	0.355 (1.381)
lnCRS	0.056 (1.209)	0.045 (0.800)	0.046 (0.819)	−0.035 (−0.753)	−0.019 (−0.410)	−0.040 (−0.750)	−0.339*** (−2.785)	−0.211 (−1.481)
L.lnCRI	0.453*** (5.987)			0.197*** (2.820)	0.197*** (2.817)		0.338* (1.783)	
L.lnCRS		−0.007 (−0.122)	−0.016 (−0.299)			−0.021 (−0.414)		−0.280* (−1.773)
L2.lnCRS		0.152*** (3.381)	0.158*** (3.533)			0.073** (1.969)		0.076 (0.510)
lnK	0.590*** (13.804)	0.581*** (12.982)	0.583*** (13.143)	−0.001 (−0.037)	−0.013 (−0.357)	−0.045 (−1.167)	−0.70*** (−6.034)	−0.70*** (−4.915)
lnL	−0.23*** (−3.815)	−0.127** (−2.089)	−0.125** (−2.047)	0.173*** (2.896)	0.180*** (3.039)	0.276*** (4.275)	0.939*** (5.363)	1.163*** (6.309)
F统计量	1200	852.9	850.0	52.38	51.93	38.94	12.25	8.481
Hansen检验	0.3040	0.5380	0.6259	0.3711	0.2163	0.1720	0.1501	0.4164
内生性检验 P 值	0.0787	0.0076	0.0068	0.0122	0.0180	0.0089	0.0006	0.0000
截面数	30	30	30	30	30	30	30	30
观测值	450	420	420	450	450	420	450	420
Adj_R²	0.952	0.942	0.942	0.468	0.468	0.424	0.109	0.100
备注	FE	FE	FE	FE	FE	FE	FE	FE

注：(1)本表计量结果由 Stata/SE 15.1 给出，其中*、**和***分别表示在 10%、5%和 1%水平上显著，括号内数值为对应统计值的 t 统计量；(2)Hansen 检验的原假设为"所有工具变量都有效"，如果 P 值大于 10%，表明在 10%的水平下无法拒绝原假设，即工具变量的选取是合适的。

首先，从开放路径角度看，市场化对表征新旧动能转换质量的劳动生产率、全要生产率和投资回报率的影响在作用方向上保持了完全一致性，仅仅在显著性水平和作用强度上存在差异性。具体来看，模型 13 和模型 14 表明市场化开放程度对投资回报率的正向驱动作用十分显著(1%显著水平),且强度较大(市场化水平每提高1%,则投资回报率将提高近2%)。这表明投资行为对市场反应较为敏感,市场化持续推进,使得市场更为开放、自由,投资机会也更为平等,从而充分调动了资本的活跃性,进而促进了资本市场的繁荣。模型7、模型8和模型9也表明市场化对劳动生产率的正向作用也较为显著,这反映出市场化的推进对于促进劳动力资源和人才资源的流动、重置劳动资源的配置效率作用较强。相比较而言,模型10、模型11和模型12则表明市场化对全要素生产率的正向作用显著性(10%显著性水平)和强度(市场化水平每提高1%,投资回报率仅会提高0.2%左右)均有所降低,这主要是因为劳动生产率是经济发展质量更为核心和更为根本的衡量指标,具有深刻性和内涵性,其稳定性较强,市场化进程对其的影响也只能是循序渐进、潜移默化的。同时,全要素生产率又具有较强的路径依赖性,一旦市场化进程与其构建起良性的互动关系,那么市场化进程对全要素生产率的促进作用必将长期延续,进而成为驱动经济高质量发展的根本驱动力量,最终从根本上推进新旧动能转换进程。

其次,从创新路径角度看,科技创新尽管对表征新旧动能转换质量的劳动生产率、全要素生产率和投资回报率的影响在作用方向上保持了完全一致性,但却在显著性水平和作用强度上存在显著异质性。具体来看,模型7、模型8和模型9表明科技创新对劳动生产率的作用十分显著,强度也较大,这主要得益于科技创新产业化应用必然会促进传统产业的升级和提质增效。模型10、模型11和模型12表明科技创新在全要素生产率改善和提升过程中的作用需要不断深化和持续发力,是一个长期过程,决不能毕其功于一役,一蹴而就。进一步来看,科技创新的作用是根本性的,也是长期性的,但一旦科技创新的作用被唤醒,其对经济发展质量的提升必将是根本性和持久性的,正如熊彼特所言"创新是发展的永动机"。模型11和模型12则从侧面反映出科技创新的风险性和收益的不稳定性与迟滞性,而资本通常更趋向于流向风险可控、收益保障较高的领域,这就导致科技创新对投资回报率的作用相对较弱。因此,鉴于科技创新的高风险性和收益的不稳定性,需要政府进行必要的引导和扶植。此外,从科技创新延续性角度考查则发现,科技创新的驱动作用能够得到很好的延续(模型7、模型10、模型11和模型13),这也再次验证了科技创新对新旧动能转换质量提升的长期性和根本性影响作用。

最后,从改革路径角度看,产业结构优化对表征新旧动能转换质量的劳动生产率、全要素生产率和投资回报率的影响作用较为复杂。一方面，自改革开放以来，我国产业结构长期处于失衡状态，且已经根植于经济发展之中，因此，产业结构调整和优化必然会对整个经济布局与运行产生干扰，这也凸显出我国推进供给侧结构性改革的艰巨性。另一方面，产业结构调整的一大重点就是对落后产能的淘汰和对传统产业的改造，这必然会导致行业之间、企业之间产品结构的剧烈转换、资本构成的持续提高以及部分传统产业的急剧衰退，给生产效率和投资回报效率的维持与提升带来巨大挑战(模型 10、模型 11、模型 12、模型 13 和模型 14)。同时，从劳动生产率角度看，人员流动的灵活性会因产业结构调整而得到强化，进而进一步释放劳动活力，促进劳动资源重置，使劳动资源不断向优势产业或产业链高端位置移动，这就必然在方向上趋向于提升劳动生产效率(模型 7、模型 8 和模型 9)。此外，鉴于产业结构调整改革的复杂性以及本身的滞后属性，从模型 8、模型 9、模型 12 和模型 14 可以看出，在滞后 2 期时，产业结构改革优化的正向效应开始显现，这再次验证了产业结构供给侧改革的艰巨性和长期性问题。

综上来看，基于 ORI 模型的开放路径[①]、创新路径和改革路径都是促进经济发展新旧动能转换的内源性路径，且是更为根本性和长期性的路径选择问题。总体上，三大路径对于新旧动能转换质量的提升均具有较为显著的正向效应，且科技创新与结构调整正向效应的延续性也能得到了较好的维持，而市场化作用则更具时效性和现实意义。

(三)考虑交互项的回归分析——基于 MIS 交互项

在基于 ORI 模型所构建的新旧动能转换三大路径理论机制中，开放路径、创新路径与改革路径既存在相互关联中存在显著区别。此外，三大路径不仅可以从各自角度对经济发展的新旧动能转换产生影响，而且基于相互之间的联系又能协同运作，共同作用于新旧动能转换进程的推进。特别是在现实中将三大路径严格区分开是不现实的，三大路径各自主导与协同发力是相辅相成的。因此，有必要针对三大路径的协同效应进行深入探讨。

鉴于上述考量，本书基于交互项的思想，构建三大路径的协同效应变量。

$$MIS=\ln CRM\times\ln CRI\times\ln CRS \tag{4.4}$$

① 本书强调市场的改革，并非贸易的对外开放，因此，从这一角度也可将开放路径视为内源性路径，这与部分学者的观点存在差异。

进而将含有交互项的实证检验模型设定为

$$\ln LDR_{it}=\alpha_4\ln CRM_{it}+\beta_4\ln CRI_{it}+\gamma_4\ln CRS_{it}+\Delta_4 MIS+\theta_3\ln K_{it}+\vartheta_3\ln L_{it}+\xi_{it} \tag{4.5}$$

$$\ln TFP_{it}=\alpha_5\ln CRM_{it}+\beta_5\ln CRI_{it}+\gamma_5\ln CRS_{it}+\Delta_5 MIS+\theta_5\ln K_{it}+\vartheta_5\ln L_{it}+\xi_{it} \tag{4.6}$$

$$\ln ROI_{it}=\alpha_6\ln CRM_{it}+\beta_6\ln CRI_{it}+\gamma_6\ln CRS_{it}+\Delta_6 MIS+\theta_6\ln K_{it}+\vartheta_6\ln L_{it}+\xi_{it} \tag{4.7}$$

此处，仍采用 IV-GMM 方法进行回归分析，且重点关注交互项 MIS 的作用效果(见表 4-6)。同样，Hansen 检验表明工具变量的选取是合适的，回归检验的结果是可靠的。

表 4-6　　**含交互项的回归分析**

变量	ln*LDR*		ln*TFP*		ln*ROI*	
	模型 15	模型 16	模型 17	模型 18	模型 19	模型 20
ln*CRM*	1.041*** (6.277)	1.886*** (5.894)	0.933*** (5.986)	1.117*** (6.810)	1.114** (2.182)	4.197*** (5.772)
ln*CRI*	0.600*** (6.292)	0.694*** (5.636)	0.591*** (6.933)	0.608*** (6.972)	0.748*** (2.817)	1.324*** (4.915)
ln*CRS*	0.200** (2.075)	0.417*** (5.045)	0.275*** (3.354)	0.305*** (6.085)	−0.014 (−0.047)	0.628*** (3.066)
MIS	−0.034*** (−3.159)	−0.069*** (−4.973)	−0.060*** (−6.323)	−0.067*** (−8.439)	−0.065* (−2.019)	−0.190*** (−5.703)
L.*MIS*	0.022*** (4.962)	0.022*** (4.822)	0.006 (1.578)	0.006* (1.691)	−0.009 (−1.102)	−0.022 (−1.385)
L2.*MIS*					0.043*** (2.907)	0.051*** (3.466)
ln*K*	0.637*** (12.761)	0.549*** (10.689)	0.031 (0.487)	0.016 (0.487)	−0.726*** (−2.902)	−0.888*** (−6.314)
ln*L*	−0.215** (−2.335)	−0.086 (−1.374)	0.251*** (2.824)	0.271*** (5.655)	1.103*** (3.744)	1.302*** (6.804)
Constant	−6.632*** (−9.360)		−5.979*** (−9.092)		−9.073*** (−4.969)	
F 统计量	284.1	910.3	21.52	62.01	7.228	9.616

续表

变量	lnLDR		lnTFP		lnROI	
	模型 15	模型 16	模型 17	模型 18	模型 19	模型 20
Hansen 检验		0.164		0.689		0.101
内生性检验 P 值		0.006		0.057		0.000
截面数	30	30	30	30	30	30
观测值	450	420	450	450	420	420
Adj_R^2	0.955	0.941	0.608	0.576	0.240	0.0353
备注	FE	FE	FE	FE	FE	FE

注：(1)本表计量结果由 Stata/SE 15.1 给出，其中 *、* * 和 * * * 分别表示在 10%、5%和 1%水平上显著，括号内数值为对应统计值的 t 统计量；(2) Hansen 检验的原假设为“所有工具变量都有效”，如果 P 值大于 10%，表明在 10%的水平下无法拒绝原假设，即工具变量的选取是合适的。

首先，分别从开放路径、创新路径和改革路径的角度看，市场化、科技创新和产业机构优化对劳动生产率、全要素生产率和投资回报率的影响作用基本与表 4-5 保持一致，这也验证了回归结果的稳健性。

其次，从三大路径的交互协同效应的角度看，MIS 交互项对劳动成产率、全要素生产率和投资回报率的影响作用存在显著异质性和滞后性。具体而言，当期 MIS 的影响作用显著为负，且具有完全一致性。也就是说，当期的三大路径交互效应并不利于新旧动能转换的推进，这充分体现了交互效应的复杂性。模型 15、模型 16 和模型 18 则表明滞后 1 期的交互效应的影响作用由负转正，且具有 10%的显著性水平，这表明交互效应对劳动生产率和全要素生产率的影响存在滞后性。也就是说，在短期内，交互效应会抑制新旧动能转换推进，但长期来看，交互效应的作用方向会发生逆转。进一步看，这揭示了新旧动能转换前期必然会对经济发展产生一定冲击，但长远来看，新旧动能转换必然成为经济高质量发展的根本方向。

最后，需要强调的是，在滞后 2 期时，投资回报率交互效应的作用方向才发生逆转，且具有较高的显著性水平(模型 19 和模型 20)。这显示资本在应对风险方面有高度敏感性，同时风险的释放也需要一个较长阶段，因此，交互项对投资回报率正向作用的显现也就具有较强的迟滞性。从作用强度上来看，当交互项对投资回报率的作用方向发生转变之后，其作用强度开始增强，且要远大于其对劳动生产率和全要素生产率的作用强度。这也暗示，资本一旦进入某个领域，很容易形成集聚效应，而且这一集聚效应对新旧动能转换进程的持续推进具有良好的驱动作用。

四、实证结论与启示

基于ORI模型所构建的新旧动能转换三大路径的作用机理以及实证检验，可以得出以下结论：

第一，从开放路径角度看，市场化对表征新旧动能转换质量的劳动生产率、全要素生产率和投资回报率的影响在作用方向上保持了完全一致性，仅仅在显著性水平和作用强度上存在差异性。

第二，从创新路径角度看，科技创新尽管对表征新旧动能转换质量的劳动生产率、全要素生产率和投资回报率的影响在作用方向上保持了完全一致性，但却在显著性水平和作用强度上存在显著异质性。

第三，从改革路径角度看，产业结构优化对表征新旧动能转换质量的劳动生产率、全要素生产率和投资回报率的影响作用较为复杂。

第四，开放路径、创新路径与改革路径既存在相互关联又存在显著区别。三大路径不仅可以从各自角度对经济发展的新旧动能转换产生影响，而且基于相互间的联系又能协同运作，共同作用于新旧动能转换进程的推进。特别是在现实中，将三大路径严格区分开是不现实的，三大路径各自主导与协同发力是相辅相成的。

第五章　山东新旧动能转换的背景

一、山东新旧动能转换的基础状况

(一)高新技术产业区域分布

高新技术产业主要包括信息技术、生物技术、新材料技术三大领域。在知识经济时代下,高新技术产业因具备知识密集和技术密集特征,便成为推动新一轮经济增长和产业向全球价值链中高端发展的新动力。也正是基于此,高新技术产业的发展也便成为推动经济发展新旧动能转换的重要产业基础。

从高新技术产业区域分布(见表 5-1)看,济南、青岛和烟台始终是我省高新技术产业的重点集聚区,且对周边地市的辐射带动作用显著。同时,三市在 2011～2016 年的集聚效应更加显著,对周边地市的带动作用也不断增强。从产值比重看,2011 年,全省各地市高新技术产业比重均在 40%以下,其中 30%～40%的地市仅仅涵盖济南、青岛、烟台、威海和东营,而 20%以下的地市有 6 个。到 2016 年,全省高新技术产业各地市的产值比重均超过 20%,且济南、青岛和烟台的比重超过 40%。这一变化清晰地表现出了我省高新技术产业的发展趋势,也表明我省新旧定能转换具有较好的产业基础。

表 5-1　　**高新技术产业区域分布**

地区	年度	高新技术产业比重	排序	地区	年度	高新技术产业比重	排序
青岛	2011	38.95%	1	济南	2016	43.65%	1
烟台	2011	38.69%	2	烟台	2016	41.87%	2
济南	2011	38.66%	3	青岛	2016	41.72%	3
威海	2011	33.64%	4	威海	2016	39.95%	4
东营	2011	30.74%	5	东营	2016	35.47%	5
淄博	2011	26.60%	6	淄博	2016	33.14%	6

续表

地区	年度	高新技术产业比重	排序	地区	年度	高新技术产业比重	排序
潍坊	2011	24.93%	7	潍坊	2016	33.13%	7
菏泽	2011	23.53%	8	菏泽	2016	32.69%	8
泰安	2011	21.27%	9	济宁	2016	29.87%	9
临沂	2011	20.60%	10	德州	2016	29.44%	10
德州	2011	20.50%	11	临沂	2016	28.45%	11
济宁	2011	19.42%	12	泰安	2016	28.30%	12
滨州	2011	18.93%	13	聊城	2016	28.13%	13
枣庄	2011	16.24%	14	滨州	2016	26.83%	14
聊城	2011	14.90%	15	日照	2016	23.27%	15
日照	2011	14.62%	16	枣庄	2016	22.62%	16
莱芜	2011	14.01%	17	莱芜	2016	21.36%	17

(二)劳动生产率变化趋势

从规模以上工业企业劳动生产率变化趋势(见图 5-1)可以看出,总体上,我省与江苏、浙江和广东三省的劳动生产率都处于较快增长态势之中,且劳动生产率一直优于江苏、浙江和广东。2012 年之后,虽然我省仍处于领先优势,但江苏和广东的劳动生产率增速开始急剧发力,已经对我省形成了巨大的追赶挤压效应。

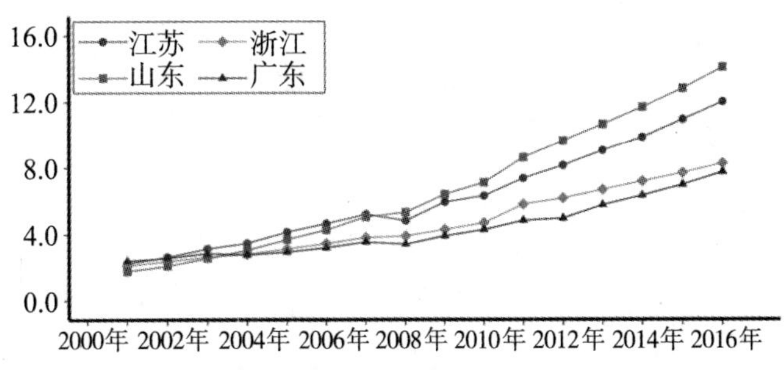

图 5-1　规模以上工业企业劳动生产率变化趋势

图 5-2 显示了山东、江苏、广东、浙江四省劳动生产率核密度分布情况。可以看出,相对于 2014 年,山东劳动生产率核密度图峰值有所降低,尾部更宽,即劳动生产率趋同度有所降低。另外,核密度图右移趋势明显,且呈现双峰分布特

征，这表明虽然劳动生产率差距有所扩大，但是高劳动生产率企业不断增加。相比较之下，江苏、广东、浙江的劳动生产率差距均有不同程度扩大，但除浙江外，高劳动生产率企业数量并没有明显增加。

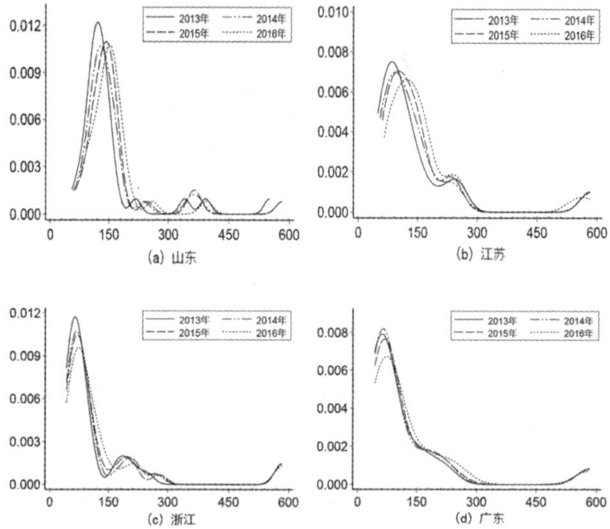

图 5-2　四省劳动生产率核密度分布状况

（三）全要素生产率变化趋势

图 5-3 列出了山东、江苏、浙江、广东四省的全要素生产率变化趋势。该指标描述了企业全要素生产率的变动情况，反映了增长的质量。可以看出，2004 年之前山东全要素生产率处于末位，之后全要素生产率增长相对于其他省份较快，这种局面一直持续到 2014 年。其中，2010～2014 年山东全要素生产率最高。2014 年之后，山东全要素生产率增长虽有所下降，但仍然仅次于广东。这表明山东经济增长质量提升明显，但持续增长态势依然严峻。

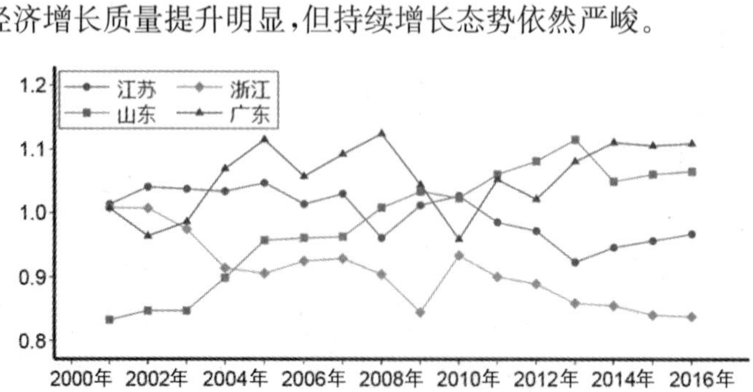

图 5-3　全要素生产率的变化趋势

图 5-4 为全要素生产率离散情况。该指标衡量了全要素生产率差异状况。可以看出，2013～2016 年四省全要素生产率离散情况波动较大。其中，山东劳动生产率趋同度提升明显，但需要注意的是高要素生产率企业数量也有所降低，这进一步验证了山东全要素生产率整体增速下降的现实。

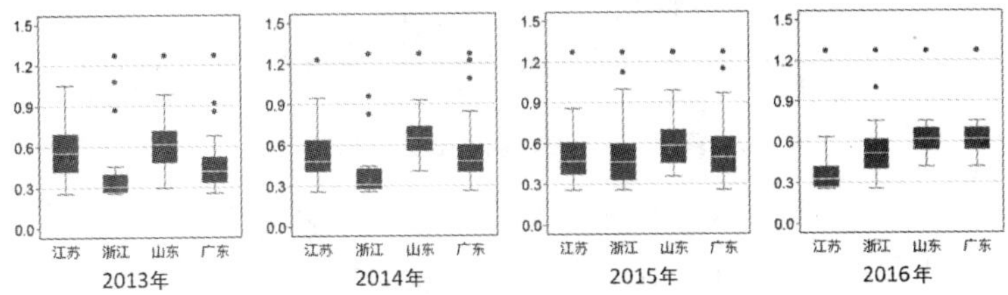

图 5-4　全要素生产率离散情况

图 5-5 绘制了全要素生产率核密度分布情况。与劳动生产率分布情况不同，山东全要素生产率分布状况变化较大，2013～2014 年全要素生产率离散程度有所降低，同时高生产率企业数量有所增加。到 2015 年，离散程度又有所增加，高要素生产率企业数量又有所下降。与其他省份相比，我省全要素生产率趋同度最高，这显示了我省经济增长质量相对较高。

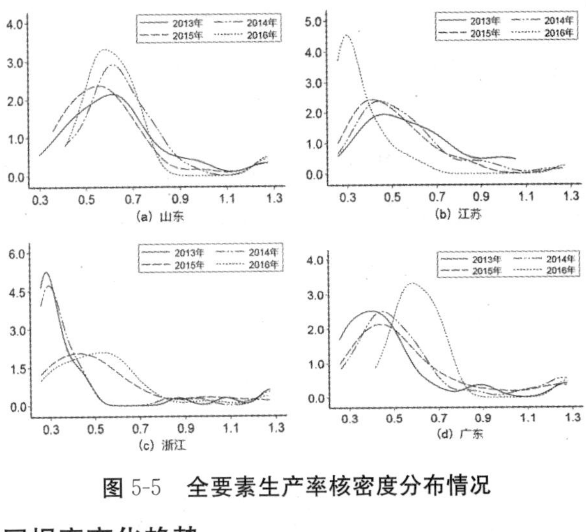

图 5-5　全要素生产率核密度分布情况

(四)投资回报率变化趋势

首先看投资回报率变化趋势(见图 5-6)，2000～2014 年山东投资回报率呈现整体下降趋势，且下降幅度逐渐增加。其次与其他三个省份相比，2014 年之前，我省的投资回报率最高，但是之后这种情况被改变，2016 年的投资回报率已经处于四省末位。这说明相比较之下，我省营商环境亟待改善，投资吸引力亟待加强。

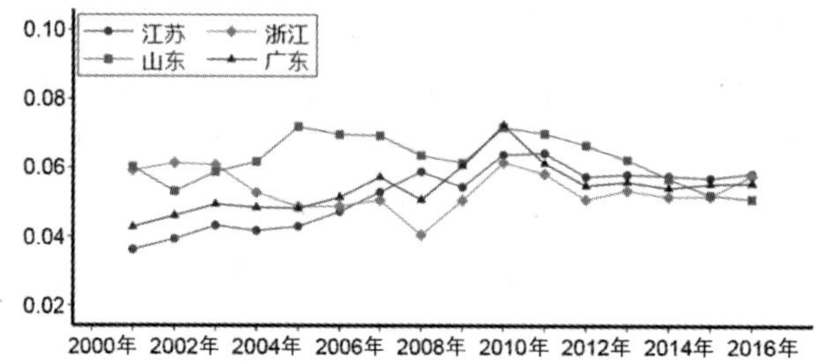

图 5-6　投资回报率变化趋势

图 5-7 衡量了四省的投资回报率离散情况。可以看出，2016 年我省投资回报率集中度最高，内部差异最小。但是需要注意的是，我省高投资回报率的企业数量最少。这表明虽然我省投资回报率内部差距小，但投资回报率整体偏低。

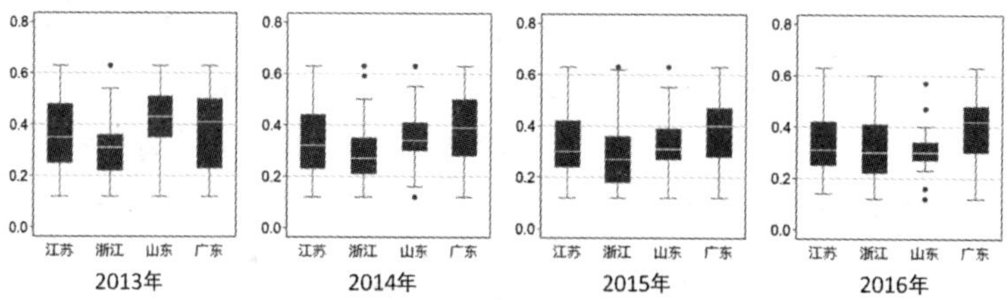

图 5-7　投资回报率离散情况

图 5-8 为投资回报率核密度分布情况。可以看出，相比 2013 年，2016 年我省投资回报率趋同度有所提高，但高投资回报率企业数量有所降低。相比之下，江苏、浙江、广东投资回报率内部差距相对较大，高投资回报率企业数量较多。这也说明投资回报率下降的重要原因之一就是我省高投资回报率企业数量严重不足。

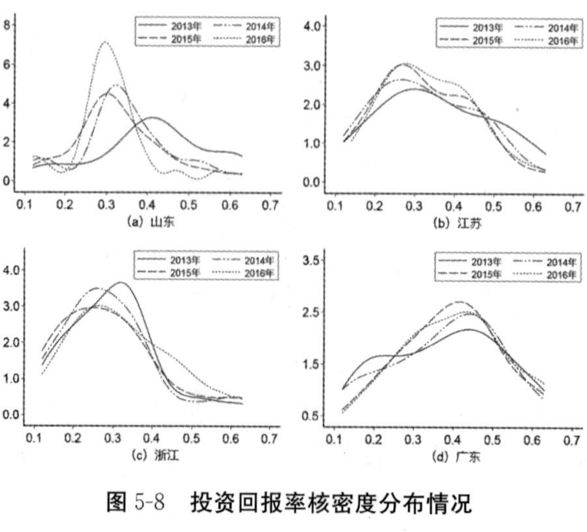

图 5-8　投资回报率核密度分布情况

二、山东推进新旧动能转换的主要矛盾和问题

党的十八大以来，我省经济社会发展取得了显著成就，但与“走在前列”“由大到强战略性转变”目标相比，与世界科技革命和产业变革相比，与标兵省份相比，当前我省经济发展旧动能减弱、新动能不强，经济整体大而不强的问题十分突出。

（一）开放优势减弱

一是我省参与国际合作的区位优势越来越小。长期以来，借助于面向日韩的独特地理优势，我省一直是东北亚经济圈的重要一极。但近年来，受国际地缘政治变化和国内区域性经济发展战略的双重影响，我省对外开放的海上和陆上优势已不再明显。具体而言，一方面，我省与日韩地方经贸合作不确定性增加，对外合作的海上大通道优势发挥不出来；另一方面，京津冀协同发展、雄安新区建设、中原经济区发展等区域性国家战略，特别是内陆地区借助“一带一路”倡议，广泛参与国际区域合作，发展外向型经济，对我省产生了极大的战略挤压，大量外向型经济资源向这些经济区域强势集聚，相对地降低了我省在对外开放中的优势。2017 年，我省外贸依存度比全国低近 10 个百分点，便与这种状况密切相关。鉴于我省沿海区位比较优势面临的严峻形势，可以判断，在我国“一带一路”对外开放格局中，我省的对外开放格局亟待深入调整和优化。

二是外贸行业成本持续上涨。在对外贸易结构中，我省传统劳动密集型产品和农产品比重较高，外贸行业发展受劳动力、土地等生产要素成本上涨影响更为显著。2017 年，传统劳动密集型产品出口 289.26 亿美元（1953 亿元），占外贸出口总额的 19.6%；农产品出口 170.7 亿美元（1152.5 亿元），占外贸出口总额的 11.6%。与全国形势同步，我省劳动力、土地等生产要素成本仍处于持续上涨期，传统外贸竞争优势明显弱化。2016 年的数据显示，52.6%的企业反映成本上涨较快影响企业出口。在导致出口综合成本上升的主要因素中，劳动力成本（占 70.7%）居首位。

三是开放型经济发展面临结构性矛盾。我省的产业总体上仍处于全球产业价值链中低端，本土企业缺乏具有国际竞争力的技术、品牌优势，高新技术产品出口对外资企业的依赖程度较高。我省加工贸易主要集中在机械设备、电器电子、纺织服装、橡胶轮胎、水海产品等劳动密集型产业，中高端装备制造业比重较

小。同时,利用外资的结构也有待进一步优化。

(二)体制机制障碍

一是市场体系建设不完善、不成熟。在整个市场化改革进程中,我省市场化改革不充分,制度性交易成本过高的问题较为突出。从市场化进程指数(见图5-9)来看,我省市场化进程始终处于浙江、江苏和广东之后,市场体系建设亟待强化,各种形式的行业垄断和不合理限制有待突破。当前,我省"政府监管跟不上"和"政府服务不到位"并存现象依然严重,服务效率、信息公开、简政放权等方面与营造"亲""清"新型的政商关系仍有一定距离。

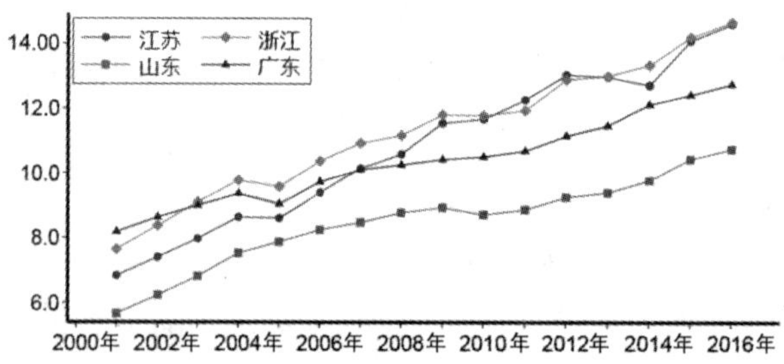

图5-9 市场化进程指数变化趋势

二是国企改革动力不足。我省国有企业规模大,传统领域占比高,部分国有企业存在用人薪酬市场化程度低、管理层级多、机构多、冗员等问题。2010～2016年,省属国企人工成本年平均新增55亿元左右、年均增长10%左右。2016年,省管国有企业人工成本达到780亿元,是企业利润总额的3.7倍,国企人工成本占总成本的10%,然而省管国企人工成本利润率不到30%。国企改革相对滞后的同时,我省民营经济发展也亟待加速。据调查,全国民营企业500强中,浙江、江苏分别达到134家和94家,而我省仅有45家。

三是开放型经济体制机制不完善。首先,外资准入限制依然较多。准入前国民待遇加"负面清单"管理模式是世界各国推进国际投资合作的普遍做法,但我省在这些方面的机制灵活度远低于广东、浙江等,对外商投资准入特别是服务业领域投资准入仍有较多限制。其次,对外投资管理体制改革相对滞后。近年来,我省对外投资发展很快,但在投资审批、外汇管理、金融服务和人员流动等方面仍然面临诸多制约。最后,对外贸易便利化程度有待提高。与进出口贸易相关的申报和审批手续仍然比较烦琐,通关、出口退税便利化程度有待进一步提升。

(三)产业结构失衡

从产业结构优化指数变化趋势(见图 5-10)可以看出,我省产业结构优化状况具有较大波动性,与广东和江苏的差距较为显著。从整体上看,我省资源型、重化型的产业结构布局显著,且产业层次低、质量效益差、污染排放重的特点较为突出。一是产业层次不高。全省产业结构总体偏重,传统动能仍居主导地位;新兴产业整体规模仍然偏小,中低端产品比重较高。长期以来,我省传统产业占工业比重 70%,重化工业占传统产业比重 70%的局面尚未得到有效调整。2016 年,我省高新技术企业只有 4692 家,仅占全国的 4.5%,远低于广东、江苏和浙江的 19%、12.64%和 7.39%。二是产业能耗水平高。我省能源消耗占全国的 9%,其中煤炭消费量占全国的 10.6%;二氧化硫、氮氧化物、化学需氧量排放总量居全国第一位;万元生产总值能耗为 0.57 吨标准煤,高于广东、江苏等。三是产业经济质量不高。2017 年,单位生产总值财政贡献率只有 8.39%,分别比江苏、浙江、广东低 1.12 个、2.82 个和 4.20 个百分点。轻工、化工、机械、纺织、冶金等资源型产业的主营业务收入长期位居全省前列,且能源原材料产业占 40%以上。

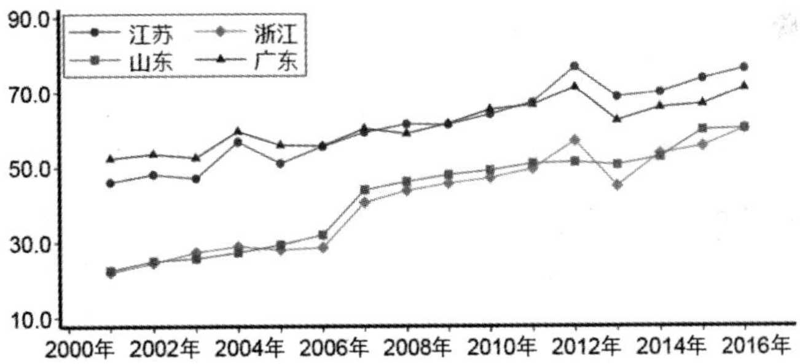

图 5-10　产业结构优化指数变化趋势

(四)创新动力不足

从科技创新指数变化趋势(见图 5-11)可以看出,虽然我省科技创新指数增长明显,但是始终处于四个省份的末位。尤其是 2011 年之后,我省科技创新指数增长有所减缓,科技创新程度较低、科技创新增长乏力是我省将要面临的重要挑战。

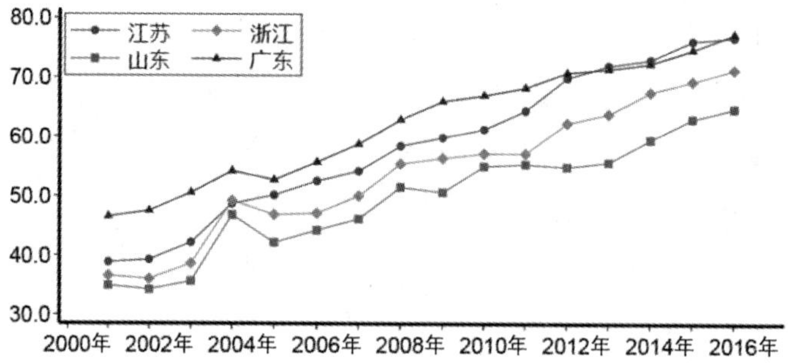

图 5-11 科技创新指数变化趋势

一方面,知识、技术、信息、数据等新生产要素对新旧动能转换的支撑作用仍然不够,对创新驱动发展造成障碍。2017 年,全社会科技研发经费支出占比 2.35%,低于广东(2.65%)、江苏(2.7%)和浙江(2.43%)。2016 年,PCT(《专利合作条约》)国际专利申请量广东有 2.4 万件,我省只有 1399 件,仅为广东的 5.8%。这些数字反映出我省科技创新能力不强的严峻现实。另一方面,支撑产业升级的技术储备明显不足,技术创新链条明显存在不同程度的脱节问题。规模以上工业企业设立研发机构的仅占 7%,科研成果转化率低,吸引社会资本支持创新的良好机制尚未形成,专业科研机构和高等院校科研成果往往偏离企业和市场的实际需求。技术转化率不高,未能形成产业链、创新链和资金链的有机互动、有序衔接。富集新生产要素的人才供给有限。高层次人才团队偏少,智力支撑有待增强。高端人才少,两院院士仅为 41 人,不及江苏的一半,且主要集中在海洋科技领域。

第六章　国内外不同发展水平地区的新旧动能转换经验

一、国内先进省份先发优势经验——以广东为例

广东作为我国经济发展的排头兵和改革开放的前沿阵地，在推进产业转型升级和培育经济增长新动能等方面始终走在全国前列，具有典型的示范带动效应。特别是金融危机以来，广东在应对外部经济冲击、实施“双转移”战略、推进区域产业结构升级等方面积累了丰富的经验，能够为我省加快实现新旧动能转换提供有益的借鉴。

（一）高位推动，先行先试，敢于冲破传统束缚

经济社会运行的复杂性，利益关系的纠缠性，决定了只有通过高位推动，先行先试发现问题，进而完善改革措施步骤，再进行全方位推广，才能保障改革顺利推进。广东高度重视以制造业为主体的实体经济发展，成立了以省政府主要领导为组长的广东省制造强省建设小组，加强制造强省建设领导，明确了以智能制造为主攻方向和发展重点的工作任务，出台实施了一系列支持制造业，特别是战略性新兴产业和高新技术产业发展的政策意见和规划措施，推动各地区制造业因地制宜、突出特色、区域联动、错位竞争发展。坚持高位推动，从地方先行探索，到全省乃至全国复制推广，这是广东试点经验做法走向全局和整体的典型路径。

金融危机以来，广东主动顺应新发展阶段提出的要求，以思想领先促进发展率先，始终坚持先行先试理念，以“双转移”率先突破发展瓶颈，以“一体化”统筹协调区域发展，以行政改革引领服务型政府转型，使改革呈现出全面发力、多点突破、蹄疾步稳、纵深推进的良好态势，激荡起经济社会发展的蓬勃动力，推动广

东全面深化改革持续走在全国前列。2010 年,广东实施 CEPA 和服务业对港澳开放先行先试措施,签署实施粤港合作框架协议,编制完成粤澳合作框架协议。2016 年的广东省政府工作报告中明确指出"开展珠三角城市升级行动,联手港澳打造粤港澳大湾区",2016 年打造粤港澳大湾区正式写入国家"十三五规划"。2017 年,中央政府工作报告正式提出研究制定粤港澳大湾区城市群发展规划。至此,粤港澳大湾区正式成为继京津冀一体化、长江经济带、雄安新区之后我国又一个国家战略,更是广东坚持先行先试、高位推动理念的又一重要体现。粤港澳大湾区是在"一国两制"框架之下,充分发挥两岸三地各自优势,实现区域协同发展,培育区域经济发展新动能的重大探索和尝试,是广东先行先试理念的又一次宏大实践。

(二)腾笼换鸟,区域联动,拓展实体经济发展空间

理论上,产业有序转移可以建立或加强区域间的产业互动,进而促进区域联动协调发展。制造业是广东经济发展的根本,更是实体经济的主体。但在金融危机冲击之下,广东制造业产业层级不高、结构不合理的短板暴露出来。其中,数量巨大的劳动密集型产业在金融危机中受到严重冲击,不仅在国际竞争中已经丧失竞争优势,而且还占据了珠三角地区宝贵的产业空间。与此同时,粤东、粤西、粤北等欠发达地区闲置着大量经济资源。为此,广东省在 2008 年 5 月推出了《关于推进产业转移和劳动力转移的决定》(又称为"腾笼换鸟"或"双转移"战略),即将珠三角劳动密集型产业向东西两翼、粤北山区转移;而东西两翼、粤北山区的劳动力,一方面向当地二、三产业转移,另一方面其中的一些较高素质劳动力则向发达的珠三角地区转移。近 10 年来,广东的"腾笼换鸟"战略为珠三角地区的产业升级开拓了发展空间,也盘活了粤东、粤西、粤北等地区闲置的经济资源,实现了区域带动、双赢共进的发展局面,取得了显著成绩。

总体来看,广东的"腾笼换鸟"战略可以总结出两条通过产业有序转移强化区域联动、促进区域协调发展的路径。其一,环节性产业转移,即在转移过程中转移企业的内部组织结构被分化,将生产环节转移到环珠三角地区,而管理、营销和研发环节继续留在珠三角地区。这一路径既能带动转入区产业发展,也能缓解转出区的产业拥挤状况。同时,鉴于企业各环节间的紧密联系性,也必然会强化转入区与转出区的区域联系,从而形成区域联动效应。其二,配套性转移,即区域内某个产业配套企业转移到环珠三角地区,而核心主导企业则留在珠三角地区。这一路径能够形成产业内或跨产业间的区际产业紧密联系。广东陶瓷

产业正是其一路径的受益者。在政府引导之下，陶瓷产业生产环节被分散到清远和肇庆等地，而佛山则集中于陶瓷产业的设计与研发，并形成了以陶瓷的研发、物流、会展以及文化交流为中心的陶瓷产业“总部经济”。总之，广东省“腾笼换鸟”战略的经验在于：地区发展需要以主动变革方式强机制增活力、改模式要效益、舍规模提质量，要短痛不要长痛，以倒逼模式实现跨越发展。

之后，中共广东省委、省政府又在2010年重点出台了《关于加快经济发展方式转变的若干意见》，积极培育省内500强企业，以企业发展带动产业转型升级。2013年，广东又旗帜鲜明地指出，广东作为“排头兵，先行地，试验区”的地位不会一劳永逸，既要抓“腾笼换鸟”，又要推动“凤凰涅槃”，必须坚定不移地推动经济结构优化调整、加快转型升级。此外，伴随2017年粤港澳大湾区建设深入推进，在“一国两制”框架下，充分发挥粤港澳三地优势，统筹区域资源，构建联合优势，在更大范围内实现产业优势互补，推动产业升级，构筑粤港澳协同发展新动能局面正在形成。这也不失为“腾笼换鸟”理念在更大范围、更高层次上的变通应用。

（三）创新驱动，科技先行，抢抓高质量发展先机

随着技术革命和经济全球化浪潮的深入，创新日益凸显的重要性不仅仅体现在企业层面，而且还逐渐成为评判经济体和区域发展能力和动力的重要考量。广东高度重视创新在推动制造业提质增效升级中的作用，通过推进全面改革创新试验、建设大科学装置和综合性科学中心、促进大众创业万众创新蓬勃发展、大力推动产业技术创新、培育发展战略性新兴产业等一系列举措，着力提高制造业创新发展水平，增强实体经济内生动力。2016年，广东研发（R&D）经费支出占GDP比重提高到2.56%，技术自给率达71%，基本跨入世界创新型经济体行列。仅从深圳来看，截至2016年，深圳市拥有国家级高新技术企业累计达到8037家，约占全国总数8%。2017年，粤港澳大湾区内国家级高新技术企业总数超过1.89万家，居全国第一位，PCT国际专利申请量占全国的56%。

综合来看，广东在推进创新驱动、抢抓经济高质量发展先机方面主要形成了5条经验：一是营造氛围，弘扬创新理念；二是搭建平台，打造创新载体；三是扶持企业，培育创新主体；四是吸引资金，提供创新助力；五是广聚英才，提升创新能力。

（四）全面开放，湾区引领，打造对外开放新高地

近年来，广东坚持以开放促发展、促改革、促创新，综合运用国际和国内两个

市场、两种资源，重视国内、国际经济联动效应，充分把握国家推进“一带一路”建设、中国(广东)自由贸易试验区建设以及粤港澳大湾区建设重大机遇，全面参与全球经济合作和竞争，深化粤港澳合作，加快建立与国际接轨的开放型经济新体制，构建全方位开放发展新格局。2012～2017 年，广东进出口总额连续五年超 8886.5 亿美元(6 万亿元)。其中，对“一带一路”沿线国家进出口年均增长 8%；广东自贸试验区制度创新深入推进，外商投资负面清单由 122 项缩减到 95 项，五年累计实际利用外资 1253 亿美元，一般贸易和民营企业进出口年均分别增长 8.6%和 11.6%；出口占全国比重达 27.5%。粤港澳大湾区建设深入推进，全面开放成效显著。2016 年，仅粤港澳大湾区三大港集装箱总吞吐量计 6247 万标箱(TEU)，湾区吞吐量总计 6520 万标箱(TEU)，远超纽约湾区的 465 万标箱(TEU)、东京湾区的 766 万标箱(TEU)和旧金山湾区的 227 万标箱(TEU)，是世界三大湾区总和的 4.5 倍，成为世界第一。

由此可见，作为沿海开放大省，广东高度重视优化外贸结构、提高利用外资水平，着力打造对外交流合作平台渠道，培育开放合作新优势，特别是高水平推进广东自贸试验区和粤港澳大湾区建设，形成了诸多可供借鉴复制的发展开放经济的经验，进一步拓展了广东国际合作发展空间。

二、国内欠发达地区后发优势经验——以贵州为例

在发展大数据产业方面，贵州一直走在全国前列，实现了大数据产业由无到有、从有到优的转变，在基础设施建设、产业生态构建以及相关产业发展等方面取得了长足发展，走出了一条不同于东部发达地区和西部其他地区的转型发展的新路。同时，在发展大数据产业的不断探索和创新中，贵州逐渐摸索出了一套行之有效的欠发达地区通过后发赶超实现新旧动能转换的模式，为其他地区动能转换的推进提供了丰富的经验和案例借鉴。

(一)抢占先机，新兴产业发展先行先试

大数据产业作为新兴产业，对经济社会全局和长远发展具有重大引领带动作用。目前，全球范围内的大数据产业仍处于初创阶段，产业基础薄弱，产业链条也处于基础构建阶段，资金需求巨大，风险也较高，难于完全依靠市场机制自发扩展，是需要政府支持和政策先行的产业。

贵州紧追全球大数据产业发展前沿，敏锐地感知到大数据产业蕴含的爆发

式增长潜力以及随其而来的经济社会跨越式发展趋势，在全国抢抓机遇，先行先试，率先将大数据产业发展上升为省级战略，统筹规划，全盘布局。贵州对大数据产业先行先试的高度重视和自上而下的创新性推动，抢得了大数据产业发展先机，成为贵州大数据产业领先全国的最主要原因。2014 年，大数据产业萌芽初露，贵州就抓住后发赶超时机，率先出台了《关于加快大数据产业发展应用若干政策的意见》以及《贵州省大数据产业发展应用规划纲要(2014～2020 年)》等政策，这为大数据产业在贵州落地、布局和深入发展抢得了先机。数据显示，2017 年，仅贵阳市的大数据企业就已经达到 1200 家，大数据企业主营业务收入达到 800 亿元，同比增长 21%。

(二)深挖禀赋，利用和放大自身潜在优势

大数据产业的核心在于数据中心建设，而数据中心具有内部设备复杂、电力需求巨大、散热量大、环境清洁度要求高以及周边保障条件标准苛刻等特点。从电力保障角度看，电力成本约占大数据中心运营成本的 40%，且大型数据中心数据设备庞杂，耗电量更大。因此，商业电价和土地成本高昂的东部沿海大城市等并不是大数据中心的最佳选择，而贵州则在电力、土地和自然环境等方面具备天然优势。具体而言：第一，贵州境内水电资源和煤炭资源丰富，保障了大数据中心高强度用电需求，而且贵州工业用电价格也明显低于全国水平。第二，贵州地处云贵高原，全年气温适中，且森林覆盖率高，空气清洁，因而用于大数据设备的降温和除尘成本相对较低。第三，贵州境内地广人稀，土地成本也相对较低，对大型数据中心建设而言可以节省巨大的土地成本。第四，云贵高原地质构造较为稳定，大规模高强度地质灾害发生率极低，可以有效确保大型数据设备的安全。

贵州深度挖掘自身在自然气候、地质条件和水电资源等禀赋条件方面的优势，扬长避短，合理放大自身潜在优势，以产业附加值较低的数据基础存储环节为切入口，进而借此不断向产业链高端延伸，最终将潜在禀赋优势转换为产业先行优势，实现大数据产业跨越式发展。

(三)平台支撑，做好大数据产业顶层设计

大数据产业是伴随互联网技术和信息技术发展而兴起的新兴产业，并已成为提升国家核心竞争力的有力工具。大数据产业发展，不仅可以提升社会生产力、创造新的经济社会价值，而且还可以加快创新能力建设、促进传统产业升级和新兴业态涌现。因此，大数据产业既是新兴产业，又是基础性和战略性产业。

在国家战略和地方政策推动之下，贵州高度重视基础设施建设和平台建设，并多方面完善涵盖大数据共享、存储、交易以及应用的整个大数据产业链的发展，不断加强大数据产业的顶层设计与制度安排，为大数据产业整体发展和布局开拓了广阔空间。首先，2014 年 6 月成立了由省长领衔的贵州省大数据产业发展领导小组。其次，2017 年正式设置大数据发展管理局，全盘统筹，协调推进大数据产业发展。同时，各市(州)、各直属部门一把手担任“云长”，对本地区大数据发展工作负责。最后，建立和完善“贵州省探索发展评估体系”，加强对大数据产业发展水平和绩效的考核与监督。一方面，定期对各市(州)以及贵安新区大数据发展水平开展评估；另一方面，也对不同单位和不同岗位制定可量化的考核内容和标准。借助评估和考核两方面的努力，逐渐构建起一套系统完善的大数据产业发展激励机制和督办机制。

此外，贵州还率先举办大数据产业博览会以及“云上贵州”大数据商业模式大赛，率先获批建设首个国家大数据工程实验室等，既为大数据产业的发展搭建了平台，又强化了灵活的顶层设计引领作用。截至 2018 年 10 月，在数据开放平台的“数据集”开放数量方面，贵州和上海并列第一，且大幅领先深圳、北京和浙江。在数据开放平台开放部门数量方面，贵州以 63 个部门开放数量位列第一，其次是北京(55)、深圳(45)、上海(43)、浙江(39)。在开放数据质量方面，贵州以 96.75％的可机读数据占比位列第一。

(四)结构优化，促进大数据产业链延伸集聚

大数据产业具有鲜明的产业链发展特点，而且具有极强的产业联动作用，极大地带动了贵州整体产业结构优化和转型，有力地助推了贵州经济高质量发展。近年来，贵州坚定不移地实施大数据战略行动，深耕数据蓝海，培育大数据核心业态、关联业态和延伸业态，深度挖掘大数据商用、政用和民用价值，有力地推动了经济转型升级，提升了政府治理能力，服务了社会发展和民生改善。

贵州通过实施“大数据＋工业深度融合”“大数据＋农业深度融合”“大数据＋服务业深度融合”等专项计划，打造了以智能终端、集成电路、电子材料和元器件、电子商务、互联网金融、软件、服务外包等为主体的大数据关联业态以及智慧农业、智能制造、智慧旅游、智慧健康、智慧教育、智慧能源、智慧交通、智慧环保等产业发展。截至 2018 年 5 月，贵州大数据企业达到 8900 多家，大数据产业规模总量超过 1100 亿元。2017 年，贵州以大数据为引领的电子信息制造业增加值增长 86.3％，成为工业经济第三大增长点。

三、国外发达地区经验——以德国为例

德国是欧洲最大的经济体，在全球经济中占有重要地位，而且其实体经济（特别是在高端制造业领域）始终占据全球产业链高端位置。在此，简略总结德国制造业升级跃迁的经验，借以窥见对我国现阶段新旧动能转换所必然具有的重要指导作用和借鉴意义。

（一）市场主导，政府有为

在市场经济方面，德国始终坚持“社会市场经济”体制，其显著特点是经济目标与社会福利目标有效结合，也可以简单分解为“市场经济＋国家调控＋国民福利”。一方面，德国各级政府始终坚持将市场经济作为基础，强化市场经济法制化、制度化和规范化建设，确保平等、公平、法制、规范的市场氛围。另一方面，德国各级政府很好地把握了政府与市场的作用界限，采用引导式或助力式方针，科学地确定政府作为方向，大力引导扶持产业集群发展，适时推动产业升级。

德国社会市场经济模式

德国社会市场经济模式是按市场经济规律办事，但辅之以经济保障的经济制度，它的意义是将自由的原则同社会公平结合在一起。这一经济模式主张以私有制为基础，鼓励和发展市场经济，同时主张宏观调控和政府干预，消除市场缺陷，实行广泛的社会保障制度，以保证整个经济和社会的公平、效率、发展和稳定。

德国社会市场经济模式的基本理念如下：

（1）财产私有理念。私有财产理念是德国社会市场经济模式的基础。近代以来，对私有财产权进行保障既是个人人格发展不可或缺的前提，也是市场经济有效运行的基础。德国将尊重和保护私有财产作为社会市场经济所有制的基础。

（2）竞争秩序理念。竞争秩序理念是德国社会市场经济模式的核心。自由竞争是经济繁荣和社会进步的最好手段，但自由放任的竞争也必然会导致垄断和特权。因此，社会市场经济强调：自由竞争必须在一定的秩序内进行。为此，政府必须制定“秩序政策”，建立“竞争秩序”，强调自由、规则，消除特权，并不偏不倚地保证一切规则得到遵守。社会市场经济不仅不排斥市场竞争，而且主张大力打击不正当竞争。政府建立“竞争秩序”并非直接参与经济活动，而是建立和完善规范经济活动的制度框架，形成运作良好适宜的经济秩序，而不是用具体手段干预经济进程。

(3)社会公正和社会安全理念。社会公正和社会安全理念是德国社会市场经济模式的保障。社会市场经济又被称为介于绝对自由和极权主义之间的一种“第三条道路”,即“经济人道主义”,主张在“经济人道主义”的制度安排之下,建立起广泛的社会保障制度以最大限度地实现社会公正和社会安全,从而克服贫富悬殊,使人人都有生活保障,达到“全民福利”。

(二)优化布局,统筹区域

德国在产业结构优化方面的工作重点是推进传统工业区转型,并在此过程中推动国有企业进一步深化改革。关于产业结构的优化,德国政府主要采用了两种卓有成效的转型路径:一是推动产业多元化,二是推动教育和高科技发展。在协调全国各区域均衡发展方面,政府主要采取了两大经济举措:一是实施财政转移,将一部分政府收入援助到部分欠发达地区,特别是原东德地区;二是设置企业税、推动地方发展。其特点主要在于:设置的企业税完全归地方所有,借以激励各地区更多、更积极地引进企业实体。此外,德国政府还将结构优化与区域协调有效结合起来,通过实施区域财政转移支付制度(即无条件的财政性转移支付和有条件的收入性转移支付制度),积极解决传统产业集聚地区的资金问题、落后企业淘汰问题以及新企业入驻问题等。

(三)创新引领,品牌支撑

德国为制造业技术创新搭建了良好的制度框架,并通过专利保护、知识产权制度和技术标准为企业创新提供激励。特别是在行业标准方面,德国政府更是通过鼓励企业创新,构建了一套以“标准经济”为支撑的良性发展模式。通过科技自主创新推动,德国标准化协会几乎主导了全球近 2/3 的机械制造标准。同时,借助苛刻的技术标准和“德国制造”对品质和精准的执着坚守以及政府部门完善的监督机制,德国已经将“品质”打造成了“德国制造”的核心竞争力,进而创造了良好的品牌效应。在品牌效应带动之下,也产生了生产成本下降、生产效率提升和产品附加值不断提高等良性促进作用,最终促进了传统产业高端化。

德国制造与中国制造:百年之前与百年之后的历史相似

德国制造的国家品牌与德国制造的企业品牌相互促进,许多消费者消费的是“德国制造”这个品牌,而不是某一具体的德国企业品牌。“德国制造”已经形成一种非常正向的品牌联想。对于大部分消费者来说,“德国制造”意味着高品质、可信赖和领先性。德国制造业也因此实现了高额的品牌溢价。但“德国制造”在一百多年前也曾因技术落后、工艺粗糙令产品质量饱受诟病,而被贴上低价劣质的标签。1887 年,英国国会甚至通过商品法明确规定,出售到英国和其殖民地的产品必须标注“德国制造”(Made in Germany),试图把劣质的德国货和优质的英国货区分开来。中国制造在历史上也曾经是高贵和优质的代表,中国的英语“CHINA”来源于中国瓷器。明朝时期,葡萄牙和荷兰商人把瓷器引入欧洲,并且只有皇室和贵族才能拥有,他们对中国瓷器十分钟爱,评价甚高。但是近代中国慢慢落后于世界发展,“中国制造”开始变得籍籍无名,渐渐沦为世界末流,成为低质低价的产品。改革开放之后,中国制造业经过 30 多年的高速发展之后再次成为规模上的世界第一。然而规模效应并未充分转化为品牌效应,“中国制造”现在面临的品牌困境与一百多年前的“德国制造”在某种程度上十分相似。2017 年,入选国际品牌咨询公司 Interbrand 品牌 100 强的中国企业仅有 2 家,而德国有 8 家。当前,中国“经济大国,品牌小国”的地位并没有得到改善。

(四)实体为本,培训为基

德国各级政府始终坚持将实体经济特别是制造业作为社会赖以生存和发展的基础,有效避免了国民经济空心化,也成为德国经济稳定持续向好以及保持较高抵御经济风险能力的中坚力量。德国实体经济发展方面的经验可概括为三点。一是战略导向,制定未来较长一段时间内制造业发展的基本方向和路径,如“工业 4.0”的出台等。二是基础建设先行,不仅不断完善交通、能源、通信等设施的配套建设,而且重点突破制约制造业升级跃迁的关键技术环节、主要技术平台等,夯实工业制造软件基础,这也是德国经济战后重建和制造业崛起与领先的重要支撑。三是德国通过培育大批具有较强竞争力的“小巨人”企业,为大企业发展培育后备基础力量,这一强大而稳定的微观基础也是德国制造业保持持久活力的重要来源。四是高度重视和培育战略性新兴产业发展,不断塑造国际竞争新优势,不断夺取发展主动权。

德国制造业的另一优势在于其强大的职业培训体系。德国历来重视教育对产业发展的基础性作用,其一大特色就是完善而扎实的职业技术培训体系。德国《职业技术培训法》规定青年人必须参加技术培训，企业有义务为青年工人提供技术培训岗位，这使得职业培训意识和敬业精神得以传承。正是通过学校与工厂的结合，德国培养出的大批高素质产业技术工人就成为"德国制造"在全球竞争中能够保持领先优势的重要源泉。

德国"双元制"职业教育培训体系

"双元制"是德国职业教育培训体系的显著特点，其基本思路是通过学院内的理论教学与培训企业的实践教学交替进行，以实现职业教育既定的培养目标。以"双元制"为核心的德国职业教育培训体系为德国战后经济恢复和发展培养了大批高素质的专业技术工人，是德国战后经济腾飞的秘密武器。伴随德国经济的腾飞，"双元制"也被公认为是当今世界职业教育的一个典范而在各国得到广泛宣传和推广。所谓"双元制"，意指学生既在企业里接受职业技能和相应知识的培训，又在职业学校里接受职业专业理论和普通文化知识的教育。

德国"双元制"职业教育培训体系的主要特点如下：

(1)完善的法律体系。德国的职业教育在学校名称、培养目标、专业设置、学制长短、办学条件、经费来源、教师资格、教师进修、考试办法、管理制度等方面，都有明确而具体的要求，同时还设立了一整套职业教育实施监督系统，使职业教育真正做到了有法可依、依法治教、违法必究，以法律形式完善了职业教育的管理和运行，促进了职业教育健康有序地发展。在法律允许范围内，学校和办学单位有充分的自主权，政府一般不干预办学过程。对于学校和办学单位做不了、做不好的工作，政府出面协调解决，贯彻了服务的宗旨。

(2)同生产紧密结合。"双元制"中的一元是指职业学校，其主要职能是传授与职业有关的专业知识，另一元是企业或公共事业单位等校外实训场所，其主要职能是让学生在企业里接受职业技能方面的专业培训。这种模式针对性较强，重能力，能充分调动企业办学的积极性。在这种制度保证下，企业不仅会制定完善的培训规划，促进专业理论与职业实践相结合，强化技能培养，而且还能提供充足的培训经费，使教学有足够的物质保证。这种模式对德国高素质劳动者的培养、产品的高质量以及保持其经济在国际上的竞争力，都起着重要的作用。"双元制"职业教育形式下的学生大部分时间在企业进行实践操作技能培训，而且所接受的是企业目前使用的设备和技术，在很大程度上培训是以生产性劳动的方式进行的，从而减少了费用并提高了学习的目的性，有利于学生在培训结束后随即投入工作。

(3)企业的广泛参与。德国大企业多数拥有自己的培训基地和人员，没有能力单独按照培训章程提供全面和多样化的职业培训的中小企业也能通过跨企业的培训和学校工厂的补充训练或委托其他企业代为培训等方法参与职业教育。一方面企业要按给予学校的财力支援比例来分享教育成果，另一方面学校要通过培养企业所需人才来接受企业的资金援助。同时，政府设立产业合作委员会，对企业和学校双方进行控制和监督，对与学校合作的企业给予一定的财政补偿，对不依靠大学培养人才的企业则增加一定的税金，并公开因教育水平低而不能满足企业需要的学校名单，减少或停止对其的财政支持，以此来促进企业与学校间的相互合作。

(4)培训与考核分离。"双元制"职业教育的教学内容按照企业和学校的不同特点既有分工又有合作。各培训企业根据培训条例和本企业的特点制定具体的培训规划并付诸实施。它的任务是在服从企业培训要求的前提下实施普通和专业教育，深化企业培训中的专业理论。"双元制"职业教育的考核、成绩认定与证书发放由各行业协会负责。通过考试的学徒工毕业时才能得到国家承认的岗位资格证书，成为该工位上的合格技工。这种培训与考核相分离的考核办法体现了公平的原则，使岗位证书更具权威性。

(5)重视师资队伍建设。德国对职业教育的师资队伍建设十分重视，建立了一套比较严格的制度。进门难、要求严、待遇高是师资队伍建设中的主要特点。通过激烈的竞争，职业教育的教师大都具有良好的品质、广博的知识、精湛的技能、快捷的效率。

第七章　山东推进新旧动能转换的路径建议

在迈向高质量发展的征程上，当加快速度变为加快转型，当扩张规模变为提质增效，创新驱动便成为中国经济的新引擎。大力实施新旧动能转换重大工程，积极培育发展新动能，改造升级传统动能，努力实现走在前列目标，是未来一段时期统领我省经济社会发展的总体战略。我省在全国发展大局中占有重要地位，其经济结构与全国相似度高，典型示范性强。从研究结果看，目前我省依旧面临传统产业占比高、新经济规模偏小、自主创新能力不足、开放型经济发展优势挖掘不够等问题，新动能对经济发展的引领支撑作用尚未充分发挥。作为全国新旧动能转换综合试验区，我省应始终坚持以质量效益为中心，聚焦优势和未来发展方向的十大产业，突出创新(I)、开放(O)、改革(R)三大路径，推动传统产业转型升级与新兴产业加速崛起，真正实现创新发展、持续发展、领先发展，为全国新旧动能转换探索可推广、可复制的经验。

一、创新驱动，构建高质量发展优势

在新常态下，创新作为当前和今后中国经济发展的重要驱动力量，不仅有助于解放传统生产力，推动传统产业升级，而且还能够创造新的生产力，培育新经济增长点。新一轮科技革命和产业变革与我国加快转变经济发展方式形成历史性交汇，科学技术越来越成为推动经济社会发展和产业变革的主要力量。当前科技工作在国家发展全局中的战略地位更加突出，中央的重视程度和要求越来越高，创新驱动成为大势所趋。应发挥创新引领发展和对建设现代化经济体系的支撑作用，切实围绕产业链配置科技资源，围绕产业链部署创新链，探索科技与经济结合的新途径，使更多优势资源向产业、企业集聚，发展壮大产业集群，提升产业发展科技含量和技术水平。

(一)科学确立创新发展战略布局

以建设山东新旧动能转换综合试验区为突破,以山东半岛国家自主创新示范区为依托,全面推进科技创新、产业创新、企业创新、产品创新、市场创新,激发潜在创新能力和创新活力,加快推动我省经济结构优化调整,把我省率先建成创新型省份。发挥国家创新型城市创新引领作用,支持济南、青岛等市建设具有重要影响的区域科技创新中心,形成创新型省份建设的核心支撑力量,辐射带动全省创新发展。鼓励各市突出区域特色,集聚各类创新资源,建设创新型城市,支撑领先发展、率先发展,成为区域科技创新高地。发挥济南、青岛两市在科技成果转化应用方面的示范作用,建设济青烟国家科技成果转移转化示范区,增强区域科技创新中心优势。发挥省级以上高新区先发优势和创新引擎作用,以高新区带头创新发展,带动所在区域实现创新驱动发展。支持国家高新区立足优势特色,建设一流科技园区,在全国高新区建设中走在前列。

(二)培育创新型产业集群

我国产业集群发展已经历了传统的"土地'九通一平'+税收政策"的要素模式,正经历着基础平台、公共平台的"筑巢引凤"平台模式,接下来的生态服务模式将备受关注。创新型产业集群,是指产业链相关联企业、研发和服务机构在特定区域集聚,通过分工合作和协同创新,形成具有跨行业、跨区域带动作用和国际竞争力的产业组织形态。按照产业类型可分为传统产业创新型产业集群和高新技术产业创新型产业集群;按照创新类型可分为产品或技术主导创新型产业集群和商业模式主导创新型产业集群。现阶段,打造诸如美国硅谷、北京中关村等创新型产业集群,已成为各国提升城市和地区经济发展活力和竞争力的重要手段。

目前,我省共 7 个、分 3 批产业集群纳入科技部创新型产业集群试点,总数位居全国前列。其中,第一批包括:潍坊半导体发光创新型产业集群;第二批包括:济南智能输配电创新型产业集群、烟台海洋生物与医药创新型产业集群、济宁高效传动与智能铲运机械创新型产业集群;第三批包括:菏泽生物医药大健康创新型产业集群、临沂电子元器件及其功能材料创新型产业集群、德州生物制造创新型产业集群。未来创新集群建设,一是引导高新区在一定阶段遴选出一个具有区域特色的优势产业,以集群化方式,力争在 3～5 年内形成区域品牌,实施差异化发展和重点产业“聚焦、聚集、聚变”；二是引导集群龙头企业，围绕产业链布局和强化关键技术研究和成果转化，参与和支持创新创业活动，关注“互联网+”等新技术及应用对产业发展的影响，助力优势产业做强、做大，建立可持续创新的科技支撑体系；三是引导集群建设单位及国家高新区进一步探索产业集群化发展有效机制，形成符合国家战略导向、满足地方实际需求和保持产业竞争优势的组织形态。

创新型产业集群的基本特征

一是拥有大批致力于创新、不断开展创新活动的创新型企业、企业家和人才，这里的企业包括供应商、用户企业、竞争企业和相关企业（互补性企业、关联企业）等。二是集群内的主要产业是知识或技术含量较高的产业，如高新技术产业和知识或技术密集的其他产业（甚至包括正在转型的传统产业）。三是具有创新组织网络体系和商业模式，在产业集群内和周边地区有较多、较好的高等院校、科研机构、行业组织（协会和商会等）、中介机构（律师、会计、资产评估等）、金融机构、公共服务机构（政府和事业单位）、市场组织（要素市场）和技术基础设施（通信等）等，拥有不断创新的商业模式，拥有一个或若干在国内外市场上较有影响的品牌产品。四是具有有利于企业创新的制度和文化环境，如鼓励企业创新的法律和政策环境，鼓励创新、相互学习、容忍失败的文化氛围，致力于创业和创新的企业家精神等。

（三）着力搭建创新发展平台

推动创新体系协同化，面向优势产业和产业集群，依托龙头骨干企业，加快培育形成一批行业性技术创新平台。

第一，促进基础研究与应用研究融合发展。积极对接《山东省新旧动能转换重大工程实施规划》及十强产业专项规划，组建协同创新中心，每个中心包括基础研究、应用研究、产业发展和应用示范等4个层次；发挥青岛海洋科学与技术国家实验室、国家高速列车技术创新中心的示范引领作用，布局建设一批创新要素集聚性强、学科交叉跨界融合度高、支撑产业转型升级作用强的国家级重大科技创新平台；加强省级重点实验室、工程实验室布局建设，鼓励企业、高校、科研院所共建实验室或组建实验室联盟，形成创新合力；在重点领域布局建设一批综合性强、集成性好、开放协同度高的省级产业创新中心、制造业创新中心、技术创新中心和一批新的省级工程研究中心和工程技术研究中心，与现有的国家级、省级创新平台形成优势互补、梯次连续升级的系统布局。

第二，搭建科技成果转化中试平台。推动创新成果产业化应用，鼓励骨干企业牵头成立行业技术创新联盟，形成共同投入、风险共担、成果共享的“产学研”协同创新体系；重点瞄准科技成果转化渠道中的“中试”阶段，建立健全有利于科技成果中试和产业化的服务体系，采取“企业搭台、政府支持、高校参与”建设模式，围绕新旧动能转换十强产业关键共性技术中试需求，联合组建技术成果转化中试基地，吸引各类实验室技术成果开展中试，并在项目中试成功后就地转化，抢抓技术源头。

第三，搭建创新创业公共服务平台。以营造良好创新创业生态为目标，利用“互联网＋创新创业”服务模式，构建创新创业公共服务“一网多平台”，整合科技、信息、培训等资源，实现政策、项目、产品等信息集中发布，为创新创业者提供研发设计、知识产权申请和维护、财税助理、法律咨询、技术经纪、创业贷款等各类创新创业等服务，实现服务“一网通”。

北京、深圳新型科研机构建设经验

近年来，北京、深圳两地涌现出众多新型科研机构，如北京生命科学研究所、北京协同创新研究院、北京蛋白质组研究中心、中科院深圳先进技术研究院、深圳华大基因研究院、深圳光启高等理工研究院、深圳市国创新能源研究院和深圳清华大学研究院等。这些新型科研机构已经具备了与世界一流科研机构相媲美的特质，在科研水平、科研产出、人才培养和管理机制等方面取得了全国乃至世界公认的成绩。

建立科学化治理结构。北京生命科学研究所理事会由北京市政府和国家 8 个部委成员共同组成，共同管理北京生命所筹建和运行工作。政府通过理事会将决策意图贯彻到机构发展中去，避免了直接干预。所长负责选聘副所长及各实验室主任，不负责实验室管理，切实做到把握方向而不干涉科研。

实行科研管理自主化。在科研机构项目实施中，按照国际惯例采用首席科学家负责制度(PI 制)，由 PI 自主确定研究课题，自主选聘科研团队，自主安排科研经费使用。PI 必须具有优秀的科研背景，并且能够高效管理科研项目。这种赋予 PI 极大自主权的科研管理模式，在很大程度上激励了科学家的积极性和创造性。例如北京生命科学研究所的 PI 可以对其所在实验室的科研人员、科研经费进行全权支配，并全权负责实验室项目的实施和进展，保证了实验室的高效性和科学性。同时，采用国际同行评议的方式对 PI 进行严格考核，续聘采用国际标准，参考 10 名同领域国际同行对每个研究室 5 年工作的全面评估意见。

创新“产学研”一体化发展路径。新型科研机构几乎无一例外地走了一条“产学研”一体化道路，充分整合各种创新资源进行协同创新和开放式创新，打通了从基础研究到应用研究，再到商品化、规模化生产的创新链条，形成了一个“产学研政”合作共赢的创新生态系统。深圳华大基因研究院以基因组学研究支撑基因检测服务这一商业科技服务，以商业科技服务支撑原创性科学发现和产业发展，走出了一条“以研养商、以商促研”的良性循环之路，目前形成了总公司、研究院、国家基因库3家产业化公司的发展格局，个人基因组检测服务成为华大基因的主要收入来源之一。

促进科技成果资本化、产业化。基金、社会投资是确保市场化方向的核心引擎，新型科研机构通过引入社会资本来引导技术创新方向和实现科技成果转移转化，并以股权关系为纽带，利用基金股权投资，促进科技成果资本化，共同做强、做大相关产业。北京协同创新研究院组织相关大学和企业按照行业组建了若干协同创新中心，并由中心成员共同出资设立各中心专属的协同创新基金，采取独特的“协同创新中心—基金二元耦合”体制，即协同创新基金遴选项目，政府投资及资助自动跟进，实现了“产学研用”紧密结合和市场配置资源，推动知识、技术、产品与产业深度融合。

（四）深化激励创新的体制机制

多年来，我省科技创新事业存在成果转换率低的痼疾，其关键原因在于产业链上存在诸多的体制机制障碍。我省亟需深化科技体制改革，破除一切制约科技创新的思想障碍和制度藩篱，处理好政府与市场的关系，以改革释放创新活力，推动科技与经济社会事业发展深度融合。一是加大政府科技投入力度，引导企业和社会增加研发投入，加强知识产权保护工作，完善推动企业技术创新的税收政策，加大资本市场对科技型企业的支持力度。二是进一步突出企业的技术创新主体地位，使企业真正成为技术创新决策、研发投入、科研组织、成果转化的主体，促进创新链、产业链、市场需求有机衔接。三是加强自主创新团队建设，搞好科研力量和资源整合，健全政府与高校、科研院所、企业主体协同创新机制，最大限度地发挥各方面优势。四是建立公开统一的全省科技管理平台，构建总体布局合理、功能定位清晰、具有齐鲁特色的科技管理制度。

二、开放先行，打造对外开放新高地

当今世界面临百年未有之大变局，但经济全球化持续向前的历史大势没有变。新时代中国的对外开放将是更大范围、更高水平、更深层次、更符合时代潮流的对外开放。提升对外开放层次和水平，是推进供给侧结构性改革的客观要求和重要途径。开放带来进步，封闭必然落后。经验证明，关起门来搞建设是不能成功的,中国的发展离不开世界。

改革开放以来,我省坚定不移地实施对外开放战略,不断拓展开放广度和深度,外经贸工作得到快速发展。随着国际、国内经济形势的不断变化,我省经济发展与全国形势同步也已进入新常态,低成本制造的传统优势受到削弱,能源资源和生态环境约束愈加强化,传统外向型经济发展模式面临巨大挑战。从上合组织青岛峰会、青年企业家创新发展国际峰会,到外交部山东全球推介活动、儒商大会,山东正以更加开阔的胸襟拥抱世界。习近平总书记 2018 年 6 月视察山东时作出重要指示,要求山东打造成对外开放新高地。作为国家"一带一路"规划海上战略支点和新亚欧大陆桥经济走廊沿线重点地区,山东应坚持以开放促改革、促发展,积极融入国家对外开放战略布局,进一步推进外贸供给侧结构性改革,提升利用外资质量和水平,加快企业"走出去"步伐,优化全省对外开放区域布局,通过深化双向对外开放、深度融入国际分工与合作,促进经济转型升级和经济竞争力提升。

(一)积极争取推进自由贸易试验区建设

山东是我国由南向北扩大开放、由东向西梯度发展的战略节点,通过建设自贸试验区,既可赢得自身发展主动,又能在优化我国南北、东西发展格局中发挥关键性作用。着眼于服务国家战略的需要,我省应充分发挥毗邻日韩,在东亚区域中的独特地理位置优势,以实体经济科技创新发展为着力点,以新技术、新产业、新业态、新模式为核心,主动对接中日韩自贸区建设,为探索面向日韩的高水平对外开放和东亚区域合作做出积极贡献。对接日韩、服务全国、面向世界,以制度创新为核心,以与日韩高端产业合作为重点,以可复制、可推广为基本要求,科学确定实施范围,积极争取设立中国(山东)自由贸易试验区。赋予更大改革自主权,在更广领域和更高层次探索全面深化改革、扩大开放的新路径、新模式,打造中日韩区域深度合作先行区、开放型经济新体制示范区和高水平对外开放门户枢纽。突出山东特色优势,在高端制造、海洋经济、财富管理、农业开放、文化贸易、通道建设等方面先行先试。建立更加开放透明的市场准入管理模式,完善与负面清单管理方式相适应的事中事后监管制度。创新贸易监管模式,提升国际贸易便利化水平。深化金融开放和监管创新,建设金融对外开放试验示范窗口。加快建立与市场化相适应的政府管理体系,打造高标准的国际化营商环境。

(二)加快上合组织地方经贸合作示范区建设

上海合作组织成立以来,山东一直与其成员国保持多领域合作。随着"一带一路"建设深入推进,山东与上合组织成员国、"一带一路"沿线国家经贸合作、人文交流日益密切。2017 年,山东对上合组织成员国贸易额达 1186 亿元,对上合组织实际投资 4.4 亿元。应进一步放大上合组织青岛峰会溢出效应,按照跨境发展、物流先导、贸易引领、产能合作、双园互动的思路,参照执行自由贸易试验区政策,探索多边框架下地方经贸合作的路径模式。依托青岛多式联运海关监管中心和国家级胶州经济技术开发区的功能优势,以欧亚经贸合作产业园区为主体,把青岛口岸打造成为上合组织成员国面向日韩和亚太市场的"出海口",日韩商品面向中亚和欧洲市场的国际海铁联运贸易物流综合枢纽,把青岛打造成为服务"一带一路"的上合组织地方经贸合作示范区,面向上合组织成员国的对外开放新高地。办好青岛国际进出口商品博览会。建设功能性总部经济集聚区、服务贸易产业集聚区,打造日韩面向欧亚市场的转口贸易综合枢纽和上合组织内陆国家面向亚太市场的"出海口"。以市场为导向推动双向投资合作,在能源资源、基础设施、旱作农业、产能合作等方面,加强与俄罗斯、哈萨克斯坦、乌兹别克斯坦、吉尔吉斯斯坦、塔吉克斯坦等国家的合作,在境内外建设一批特色产业园区。支持金融机构在青岛设立面向上合组织的分支机构,或进行相关机制安排。建设青岛国际财富管理中心。设立上合组织地方经贸合作基金。建立高层协调和地方协商相结合的推进机制,将示范区建设纳入上合组织经贸部长会议议题。支持设立国际商事法院和国际商事仲裁机构。

(三)高水平推进开发区建设

各类园区是对外开放的重要阵地,必须围绕提升产业集聚水平,坚持创新驱动、突出特色、协调发展。当前,我省园区规模多而不强,主导产业不突出,产业层次不高、集群效应不强、体制机制不优、干部能力不足等问题还比较普遍。江苏级以上开发区数量比我省少 44 家,但 2017 年开发区完成了全省 4/5 的进出口总额,吸纳 4/5 的实际使用外资,开发区进出口、实际利用外资分别是我省的 1.9 倍、1.6 倍。应进一步发挥开发区改革开放排头兵作用,以国务院和省政府批准的开发区为主体,组织实施优化体制机制、优化产业结构、优化资源配置、优化营商环境、优化组织保障等五项提升行动,推动各类优质要素向开发区集聚,促进开发区产业集群扩规模、创特色、提水平、增效益。创新建设运营模式,鼓励开发区探索建设、运营、招商、服务的市场化模式，实行多元化投入、企业化管理、市场化运作、专业化服务。加快上海等自贸试验区、济南开放型经济新体制试点先行先试成果的复制推广，建设各类创新创业平台，以体制机制创新激发活力。推动各类优质要素向园区集聚，促进园区产业集群扩规模、创特色、上水平，建成与世界500强及行业领军企业合作的产业高地。培育一批特色产业园区、生态工业园区、循环化改造园区、产才融合发展示范园区和产城融合示范区。加快济南、青岛、潍坊、泰安等地中德产业园以及其他国际合作园区建设。组织实施园区提升专项行动，开展东西部经济开发区合作共建、对口帮扶。鼓励各市选优配强园区领导班子，完善园区评价考核办法，强化对开发区的考核激励，加大整合优化力度，强者进位，弱者退出，发挥好开发区机制引领、辐射带动的作用。推进市场化开发运营机制，支持有条件的经济开发区探索同境内外社会资本合作，共办各具特色的区中园，形成多层次、多渠道、多方式的投融资体系。率先复制推广国家自主创新示范区、自由贸易试验区改革创新成果，推动开发区体制机制改革创新，激发新时期开发区创新发展的动力和活力。

江苏、浙江部分开发区的先进经验

江苏、浙江两省的开发区在建设特色化园区、强化体制机制创新、实施科技创新驱动、推动园区合作共建等方面的先进经验和做法值得借鉴。

充分发挥当地优势，走特色化园区发展道路。鲜明的特色就是园区发展的核心竞争力。杭州开发区依托阿里巴巴集团的业务优势，着力打造跨境电子商务综合试验区，大力发展网购保税、海外直邮、跨境出口、跨境生鲜等新兴业务。义乌开发区依托全国最大的小商品批发市场，通过电子商务和传统商贸流通模式的深度融合，打造了千亿元级电商平台——义乌购。昆山开发区以液晶显示面板项目为核心，积极吸引国内外著名光电产业上下游配套厂商进驻，打造了国内第一、全球一流的光电产业基地。位于浙江最南端的浙台(苍南)经贸合作区，利用与台湾地理相近、文化相通的优势，着力强化对台经贸交流合作。

高度重视体制机制创新，强化内生动力。体制机制创新是园区持续发展的不竭动力。一是优化平台运作机制。杭州开发区和南京江宁开发区对管委会和下设公司实行“政企分离、独立核算”，完善公司法人治理结构，提升平台融资能力，分别组建了杭州东部城市建设投资集团、杭州东部资产管理有限公司、南京江宁空港工业园、江苏软件园等专业平台，通过向各平台注入优质资产和特色化、专业化运作，实现滚动发展。二是创新干部管理机制。义乌、昆山、江宁、江阴(临港)开发区、苏州宿迁工业园区均实行全员聘任制，干部员工全部实行混岗混编、同岗同酬，严格实行绩效考核、末位淘汰，形成奖勤罚懒的薪酬激励机制。三是优化行政管理体制。杭州开发区、江宁开发区、苏州宿迁工业园区均拥有市级审批权限，在规划建设、经济管理、环境保护、招商引资等方面代表市政府行使管理职能，优化了从项目立项到投产运营的全过程，一站式服务。

推动园区合作共建，促进协调发展。为进一步深化南北合作和产业升级，江苏省政府从 2007 年开始探索南北共建园区模式，先后设立了 38 个南北共建园区，苏北省级以上经济开发区基本"全覆盖"。苏州宿迁工业园区作为其中的成功典范，是两市打破行政区划界限、创新合作机制、实施联动开发的"飞地经济"新试点，尤其值得借鉴。在园区管理方面，双方建立了联合协调理事会和双边工作委员会、园区党工委和管委会、园区开发有限公司三个层次的管理机构，其中联合协调理事会和双边工作委员会为高层协调机构，分别由两市市政府主要领导和分管领导牵头，负责协调解决重大问题和重要工作。园区党工委和管委会为管理机构，由苏州工业园区为主派出管理团队组建，作为宿迁市委、市政府的派出机构，实行充分授权、封闭运作的管理模式。这种"苏州方传理念、转移项目、带资金，宿迁方提供要素支撑和发展环境保障"的模式，为区域协调发展做出了积极探索，是"飞地经济"的成功实践，对转型升级、协调发展具有良好的借鉴意义。

(四)大力实施双招双引战略

招商引资是改革开放的法宝，是贯穿经济工作始终的生命线。广东、江苏、浙江等省份开放发展的关键就是招商引资、招才引智。面对新兴产业、技术和跨国资本的重新布局，我省应按照产业链垂直整合的思路，紧紧围绕十强产业，加强产业规划顶层设计，瞄准世界产业发展趋势和我省短板制约，精心策划"四新"经济招商项目，大力开展产业链招商和定向精准招商，重点推进重大外资项目；创新招商引资理念模式，大力推行专业化、市场化招商，通过跨境并购、境外上市、PPP、股权融资、风险投资、融资租赁合作，充分调动国内外社会资本、金融资本作用，用足、用好国家产业发展引导基金，着力引进有重大带动作用的龙头项目和强链补链延链的专精尖配套项目；创新举办日韩山东周、香港山东周、欧美商务周和"选择山东"全球路演等系列活动，争取人才、技术、资本等创新创业资源向山东集聚；注重以走出去带动引进来，促进产业链国际延伸、供应链全球整合、价值链高端提升，重塑开放型经济发展的新优势。

> 粤苏浙双招双引经验
>
> 广州引进投资610亿元的富士康10.5代8K显示器项目、总投资450亿元的韩国乐金8.5代LCD和OLED面板项目，建成高端显示产业生态圈、产业链；培育规划建设琶洲互联网创新集聚区，吸引了腾讯、阿里、复星、国美、小米、YY、唯品会、环球市场、粤传媒、科大讯飞、TCL、华邦等一批互联网企业聚集。以苏锡常为代表的苏南地区，利用临近上海的区位优势和辐射带动作用，吸引外资，有力促进了电子信息、现代制造、服务外包等高新技术产业集群的发展壮大，南京的软件、苏州的纳米、无锡的物联网、常州的石墨烯、镇江的航空航天产业均已形成先发优势，已逐步超越珠三角，成为国内最大的制造基地。浙江围绕构建招商引资“三新”工作格局，推进外资工作实现“七个转变”，在嘉兴、湖州建设高质量外资集聚先行区，不断创造更有吸引力的投资环境。

(五)创新区域开放合作模式

一是提高参与“一带一路”建设水平。强化青岛、烟台、日照等海上合作战略支点作用，促进沿海港口城市与海上丝绸之路港口城市互联互通，深化“一带一路”沿线国家产能合作，通过建设欧亚经贸合作产业园区等一批双向合作产业园，带动优势装备、技术、标准、服务走出去。二是打造面向东北亚合作与开发开放战略高地。立足中日韩青岛创新产业园、中韩烟台产业园和威海中韩自贸区合作示范区建设，借力东亚海上合作平台，创新东北亚经贸合作模式，推进建立中日韩地方经济合作示范区。按照多边机制双边实现的路径，坚持先易后难、重点突破、逐步推进，以中日、中韩双边合作为基础，创新向三边、多边合作纵深发展。积极深化对日合作，拓展领域提升层级，依托青岛西海岸新区、济南国家新旧动能转换先行区等国家级园区，搭建中日合作新载体，构建中日产业发展新体系、自由贸易新机制、投融资合作新格局。三是塑造对外经济发展新优势。利用展会平台积极推动对外经贸交流。推动青岛建设国际消费中心城市。利用烟台自身优势加快创建国家服务外包示范城市。四是创新区域开放合作模式。积极融入京津冀协同发展国家战略，主动承接北京非首都功能疏解及京津产业转移，积极对接雄安新区建设，支持黄河三角洲地区发挥土地优势发展“飞地经济”。加强环渤海地区合作，繁荣发展湾区经济。

三、改革引领，再掀深化改革新热潮

体制机制改革是激发动力活力的强大推手，加强事中事后监管，创新管理，优化服务，强化新旧动能转换制度保障。

（一）构建国际一流营商环境

营商环境是一把尺子，反映着一个地区的政治生态和社会生态，检验着政府的行政效能和工作作风。

着眼国民待遇和国际规则，深化"放管服"改革，建立健全事中事后监管体系，形成与国际规则相适应的开放型经济新体制，进一步提高投资贸易自由化、便利化水平，营造国际化、法治化、便利化的营商环境。工作中当好服务企业的"专业化＋店小二"，有问必答、有事必办、随时受理、即时办结，真心实意为企业群众排忧解难，本着"能容纳世界人"的要求，完善国际学校、国际医疗、国际社区等相关生活设施，把引领发展的"高站位"落实到服务企业的"低身段"上，构建起"亲""清"新型政商关系，培育提升综合竞争新优势，提高对外资外智的吸引力，以体制机制创新、营商环境优化助推对外开放新高地建设。全面落实准入前国民待遇加负面清单管理制度，加快复制推广自贸试验区制度创新成果，在提升政府服务效能、推进投资自由化、贸易便利化等方面先行先试，营造稳定、公平、透明、可预期的投资环境。支持符合条件的海关特殊监管区域争取内销选择性征收关税、增值税一般纳税人资格试点政策。加快发展新业态、新模式，做好配套区建设，打通加工贸易、保税物流、金融结算、保税服务等完整的产业链条，发挥海关特殊监管区域的溢出效应。加大知识产权保护力度，严厉打击侵权假冒行为，加强部门执法协作，将侵权行为纳入信用记录，加大侵权违法惩治力度。

（二）大力深化国企国资改革

改革开放以来，国有企业改革取得了巨大成就，国有经济总量、影响力和创新能力大幅提高，推动形成了独立完整的工业体系、系统有效的金融体系、庞大顺畅的基础设施体系，有力保障了各项事业的顺利发展。

进入新时代发挥国有企业在动能转换中的引领带动作用，推进国有经济布局优化、结构调整、战略性重组，提高国有资本配置效率，培育具有全球竞争力的世界一流企业。积极发展国有资本、集体资本、非公有资本等交叉持股、相互融合的混合所有制经济，探索分类分层推进混合所有制改革路径。开展地方国有企业员工持股试点，优先支持科研人员、经营管理人员和业务骨干等持股，建立健全股权流转和退出机制。改革国有资本授权经营体制，建立监管权力清单和责任清单，改组组建国有资本投资公司、运营公司。加快建设有效制衡的公司法人治理结构和灵活高效的市场化经营机制，规范董事会建设，推行职业经理人制度。加强国有资产保值增值、防止流失监管，改进内部流程管控刚性约束，健全重大决策责任追究机制。

（三）高质量推动民营经济发展

发挥民营经济在新旧动能转换中的重要支撑作用，全面实施市场准入负面清单制度，营造公平竞争、统一开放的市场环境。多数民营企业存在着信息渠道不畅、研发实力不足、人才储备薄弱等问题，仅仅依靠其自身实力或完全依赖市场调节很难得到解决。为此，政府应该在以下几个方面做好服务：

第一，持续深化放管服改革。借鉴浙江省“一站式审批、全程式代管、跟踪式联系、保姆式服务”的“店小二”精神，大力推动放权，依法将部分省级行政职权下放或委托各地级市实施；推进联审联办改革、全省政务服务“一网通”和“一口受理”“一窗办理”；推进“数字政府”改革建设，重点推进管理体制、运作模式改革和数据资源整合；尽快制定实施市场准入负面清单和投资项目管理负面清单，降低民间资本注入门槛，提高投资便利化程度，不断激发民间投资活力。

第二，搭建各类服务平台。为广大民营企业搭建信息咨询、财税金融、人才培训、创业辅导、市场开拓、法律服务等通用型公共服务平台，在产业集群内建设提供研发设计、检验检测、认证评估等专业型公共服务平台，通过购买服务、委托服务等方式，由协会商会、科研院所、服务机构等提供服务，充分发挥他们的专业能力。加大扶持力度，扩大服务广度，助力民营企业破解发展中遇到的困难问题。

第三，真正实现“一视同仁”。对待民营企业，要像对待国有企业一样关心，像对待大企业一样支持，像对待“长子”一样托付。要清除各种“玻璃门”“弹簧门”“旋转门”等障碍，就我省民营企业家普遍反映的一些地区差异、不平等问题，通过实地调研，进一步调整现有不尽合理的政策法规，营造更加公平的市场环境。充分认识民营企业的社会效应，像尊重科学家一样尊重企业家。对优秀民营企业的典型做法，要加强总结推广，发挥标杆示范作用；对优秀企业家的先进事迹，加强宣传报道，营造全社会崇商、敬商、重商的氛围。

（四）着力深化农业农村改革

重塑城乡关系，强化制度性供给，推动城乡资本、技术、人才等要素双向流动，促进城乡公共服务均等化、要素配置合理化、产业发展融合化，加快建立健全城乡融合发展的体制机制和政策体系，构建工农互惠、城乡融合的新型工农城乡关系。一是促进城乡要素双向流动。以破除城乡要素流动体制机制障碍为重点，引导人才、技术、资本等资源要素向乡村流动，促进城乡要素市场一体化；优化配置城乡公共服务资源，畅通人口双向流动通道，既让农民进城，又促进城市居民下乡；建立城乡统一、主体平等、产权明晰、合理有序的建设用地市场，充分发挥市场机制对土地价格形成的重要作用，切实保障农民公平分享土地增值收益；落实城乡统一就业政策的具体办法和措施，消除对进城务工人员就业的限制性、不平等性规定和做法。二是深化农村领域制度改革。落实农村土地“三权分置”制度，在依法保护集体土地所有权和农户承包权前提下，平等保护土地经营权；鼓励有条件的地方开展土地承包权依法自愿有偿退出试点；巩固完善农村集体土地所有权和农村土地承包经营权确权登记成果；实施新型农业经营主体培育工程，培育发展家庭农场、合作社、龙头企业、社会化服务组织和农业产业化联合体，发展多种形式的适度规模经营；稳妥推进农村土地制度改革。

附　录

附录1　山东省新旧动能转换综合试验区建设总体方案

（2018年1月）

为全面贯彻落实党的十九大精神，按照党中央、国务院决策部署，进一步深化供给侧结构性改革，加快建设现代化经济体系，更好发挥山东在全国新旧动能转换中的先行先试作用，特制定本方案。

一、现实基础与重大意义

山东地处黄河下游，东临黄海、渤海，是我国由南向北扩大开放、由东向西梯度发展的战略节点，在全国发展大局中占有重要地位。

改革开放特别是党的十八大以来，山东经济社会发展取得了显著成就，同时也存在着发展不平衡、不充分等一些突出问题。传统产业基础良好，服务业呈现加快发展态势，但产业结构总体偏重，传统动能仍居主导地位。新产业加速成长，“互联工厂”、个性化定制等新业态、新模式不断涌现，但新兴产业总量偏小，新动能支撑经济增长的作用仍未充分发挥。去产能有序推进，积极探索破产重组、搬迁升级等有效做法，但化解过剩产能、淘汰落后产能的任务仍然繁重。制度红利逐步释放，发展环境不断改善，但动能转换的动力活力仍需培育。总体上，山东正处于新旧动能转换、经济转型升级的关键阶段，任务艰巨而繁重。

当前，全球新一轮科技革命和产业变革呈现多领域、跨学科突破新态势，我国经济已由高速增长阶段转向高质量发展阶段，正处在转变发展方式、优化经济结构、转换增长动力的攻关期。山东经济结构与全国相似度高，典型示范性强，加快建设山东新旧动能转换综合试验区（以下简称"试验区"），有利于增强山东经济创新力和竞争力，实现由大到强战略性转变，为在决胜全面建成小康社会、开启全面建设社会主义现代化国家新征程中走在前列奠定坚实基础；有利于培育新增长点、形成新动能，带动北方地区协调发展，为促进南北发展格局优化提供重要支撑；有利于探索完善科技创新、制度创新、开放创新有机统一的推进机制，在重要领域和关键环节取得实质性突破，为全国新旧动能转换提供经验借鉴。

二、总体要求

指导思想。全面贯彻落实党的十九大精神，以习近平新时代中国特色社会主义思想为指导，贯彻新发展理念，坚持质量第一、效益优先，以供给侧结构性改革为主线，以实体经济为发展经济的着力点，以新技术、新产业、新业态、新模式为核心，以知识、技术、信息、数据等新生产要素为支撑，积极探索新旧动能转换模式，推动经济发展质量变革、效率变革、动力变革，提高全要素生产率，着力加快建设实体经济、科技创新、现代金融、人力资源协同发展的产业体系，推动经济实现更高质量、更有效率、更加公平、更可持续的发展，为促进全国新旧动能转换、建设现代化经济体系做出积极贡献。

试验方向。在因地制宜、依法依规开展试验基础上，探索优化存量资源配置和扩大优质增量供给并举的动能转换路径，探索建立创新引领新旧动能转换的体制机制，探索以全面开放促进新动能快速成长，探索产业发展与生态环境保护协调共进，为扎实推进去产能、振兴实体经济、构建创新创业良好制度环境、发展更高层次开放型经济、形成绿色发展动能提供经验借鉴。

主要目标。到 2020 年，试验区在化解过剩产能和淘汰落后产能、培育壮大新技术新产业新业态新模式、改造提升传统产业等方面初步形成科学有效的路径模式，取得一批可复制、可推广的新旧动能转换经验。化解过剩产能、淘汰落后产能阶段性任务基本完成，去产能走在全国前列。到 2022 年，基本形成新动能主导经济发展的新格局，经济质量优势显著增强，现代化经济体系建设取得积极进展。新兴产业逐步成长为新的增长引擎，成为引领经济发展的主要动能；现有的传统产业基本完成改造升级，成为推动经济发展的重要动能；创新创业活力显著增强，创新型经济初步具备核心竞争力；新旧动能转换的体制机制进一步完善，动能转换制度体系基本建立；开放型经济新优势日益显现，动能转换潜力加速释放。通过试验区建设，带动全省全员劳动生产率由2016年的人均10万元提高到14万元，战略性新兴产业增加值占地区生产总值比重每年提高1个百分点以上，研究与试验发展经费支出占地区生产总值比重由2016年的2.3%提高到2.7%左右。

三、试验区布局

根据资源环境承载能力、现有基础和发展潜力，加快提升济南、青岛、烟台核心地位，形成三核引领、区域融合互动的动能转换总体格局。

三核引领。充分发挥济南、青岛、烟台三市经济实力雄厚、创新资源富集等综合优势，率先突破辐射带动，打造新旧动能转换主引擎。济南，高水平规划建设新旧动能转换先行区，集聚集约创新要素资源，发展高端新兴产业，打造开放合作新平台，建设现代绿色智慧之城，打造全国重要的区域性经济中心、物流中心和科技创新中心。青岛，发挥海洋科学城、东北亚国际航运枢纽和沿海重要中心城市综合功能，突出西海岸新区、青岛蓝谷等战略平台引领，打造东部沿海重要的创新中心、海洋经济发展示范区，形成东部地区转型发展增长极。烟台，发挥环渤海地区重要港口城市、国家创新型试点城市优势，积极培育新兴产业集群，打造先进制造业名城，建设面向东北亚开放合作新高地。以其他14个设区市的国家和省级经济技术开发区、高新技术产业开发区以及海关特殊监管区域等为补充，加强统筹规划，创新园区管理机制，明确产业发展定位和方向，打造若干经济增长点，形成区域新旧动能转换合力。

区域融合互动。突出三核引领作用，强化济南、青岛和烟台对周边地区的辐射带动能力，推进资源要素统筹配置、优势产业统筹培育、基础设施统筹建设、生态环境统筹治理。促进全省协调联动发展，健全产业合作利益分享机制，提高园区、企业、项目配套协作水平，实现产业有序转移和优化布局，提升经济发展一体化水平。

四、化解过剩产能，拓展动能转换新空间

坚持分类施策、多措并举、标本兼治，综合运用市场机制、经济手段和法治办法，积极稳妥化解过剩产能，坚决淘汰落后产能，建立市场化调节产能的长效机制，促进各类要素资源优化配置。

明确去产能重点。妥善处理政府和市场、短期和长期、存量和增量、供给和需求关系，重点化解钢铁、煤炭、电解铝、火电、建材等行业过剩产能，保持合理的产能利用率。统筹推进钢铁产能优化升级和集中布局，依法依规加大生铁、粗钢去产能工作推进力度，支持钢铁企业转型开发高铁、核电、船舶、海洋工程等领域重大技术装备所需高端钢材产品，结合济钢产能化解调整和压减部分钢铁产能工作，建设日照先进钢铁制造产业基地。压缩煤炭生产规模，积极引导安全无保障、资源枯竭、赋存条件差、环境污染重、长期亏损的煤矿产能有序退出。加快推进煤矿企业兼并重组，提高行业集中度。清理整顿电解铝行业违法违规建设及盲目新增产能项目，采用替代关停方式留存高端产能、装备，引导企业规范健康发展，继续保持电解铝行业世界竞争力。推动火电、建材等行业减量减产，严控新增产能。加大小化工、小炼油整治力度，淘汰"小散乱"低端产能。加快淘汰低速电动车产能，严格治理低速电动车违规生产和违法使用，防范新能源汽车产业低水平盲目发展。

优化去产能路径。逐步提高环保、能耗、水耗、安全、质量、技术标准，加强财税、金融、价格、土地等政策的协调配合，通过严格审批核准、严控新增融资、实施差别化水价电价等举措，依法依规倒逼落后产能加快退出。建立钢铁产能等置换指标市场化交易平台，开展产能置换指标交易。通过转型转产、搬迁改造等形式，支持企业跨地区、跨所有制兼并重组，严禁落后产能转移。加快城市更新改造，支持济南等城市开展城区老工业区搬迁改造，积极创建老工业区搬迁改造示范工程和示范区。充分利用多双边合作机制，鼓励优势产能多种方式"走出去"。

完善政策保障体系。创新职工安置、债权债务处理等去产能配套政策。健全企业主体与社会保障相衔接的职工安置机制，优化奖补标准，创新再就业措施，支持钢铁、煤炭、原油等产区打造创新创业平台。支持金融机构做好呆账核销和抵债资产处置，完善不良资产批量转让政策。按照市场化、法治化原则，对优化重组"僵尸企业"的市场主体，合理确定并购贷款利率、贷款期限。对母公司

承担的关闭去产能企业及“僵尸企业”贷款，由债权人与债务人平等协商减息等相关债务重组方案，并按法律程序核准后生效。探索设立企业破产专项基金，多渠道筹集资金，专项解决“僵尸企业”及去产能企业破产启动经费和资产处置资金周转等问题。研究去产能和产业升级企业停产期间城镇土地使用税政策。

五、发展新兴产业，培育壮大新动能

以新一代信息技术、高端装备、新能源新材料、现代海洋、医养健康等产业为重点，推动互联网、大数据、人工智能和实体经济深度融合，打造先进制造业集群和战略性新兴产业发展策源地，培育形成新动能主体力量。

新一代信息技术产业。重点突破高性能计算、人工智能、传感器、虚拟现实、基础软件等关键核心技术，强化示范应用。推进量子通信技术研发和产业化。完善“互联网＋”生态体系，开展数字经济发展相关试点。支持有条件的地区创建国家大数据综合试验区，鼓励建设新型智慧城市。完善云计算和大数据产业链，加强工业、政务、商贸、文化、旅游、健康、海洋等领域的大数据应用，做强信息安全、地理信息产业。

高端装备产业。着力推动高端装备创新发展，突破轨道交通、工程机械、农机装备、动力机械等领域关键技术与核心部件，打造制造业创新中心，提高综合集成水平。支持发展高端发动机、高效电机、自动变速器、高端液压件、高精度减速器等动力装备。加快建设高速列车国家技术创新中心。加快通用飞机发展，建设国家通用航空产业综合示范区。壮大数控机床产业，建设国内领先的高端数控机床产业基地。以智能制造为主攻方向，发展工业机器人、特种机器人和医疗健康、教育娱乐等服务机器人，开展装备制造业标准化试点和智能工厂、数字车间示范。支持有条件的城市创建“中国制造 2025”国家级示范区，努力建设国际领先的高端装备制造基地。

新能源新材料产业。大力发展新能源电池和汽车电控技术，重点推进氢燃料电池产业化关键技术攻关和示范应用，支持青岛等有条件的城市发展新能源汽车。探索新能源汽车分时租赁、储能电池充换电、分布式能源等新模式。大力发展可再生能源，推动烟台核电产业技术创新平台建设。推动海洋能示范工程建设。做大、做强碳纤维、石墨烯、生物基材料、高分子材料、无机非金属材料、磁性材料等新材料产业，提高行业技术创新能力和关键材料自给率，建设国内领先的新材料研发中心和产业基地。

现代海洋产业。以智慧海洋为引领,坚持陆海统筹,打造海洋经济示范区,高水平建设“海上粮仓”、国家级海洋牧场示范区,加快发展深远海、远洋和极地渔业,实施“透明海洋”工程,加快大洋海底矿产资源勘探及试开采进程。壮大海洋生物、海洋高端装备等产业,支持青岛、烟台等打造海洋生物医药产业集群,建设海洋经济创新发展示范城市。支持青岛建设海上试验场。创新发展海洋信息、涉海商务等海洋服务业。推进海水淡化规模化应用,建设全国重要的海水利用基地。发展新一代深海远海极地技术装备及系统。

医养健康产业。深入实施健康中国战略,打造全方位全周期健康服务产业链。聚焦生物医药、海洋药物、中药、生物医学工程等领域,推进国家综合性新药研发技术大平台、国家创新药物孵化基地建设,加快开发满足重大临床需求的创新药物和医疗器械。研究规划建设国家医疗健康大数据区域中心,加快建设济南市国际医学科学中心。构建移动医疗、远程医疗等诊疗新模式,发展智慧医疗,建设智慧医院。积极应对人口老龄化,支持建设医疗养老联合体,增加医疗养老设施和服务供给,支持山东创建全国医养结合示范省。

六、提升传统产业,改造形成新动能

加强技术改造和模式创新,推动传统产业优化升级,加快发展现代服务业,瞄准国际标准提高装备技术水平,形成支撑经济发展的新动能。

高端化工产业。加大化工产业技术创新、优化整合力度,加强园区的环保基础设施建设,开展循环化改造,实现近零排放,推动绿色化、规模化、集约化发展,提高上下游全产业链协同创新能力。加快推动化工企业进入园区集聚发展,支持在符合条件的重点石化园区设立海关特殊监管区域。优化发展新型煤化工和精细盐化工,推动传统化工转型。

现代高效农业。深化农业供给侧结构性改革,促进农村一、二、三产业融合发展,构建现代农业产业体系、生产体系和经营体系,为农业现代化建设探索路径。加快划定粮食生产功能区和重要农产品生产保护区,推进高标准农田建设,实施渤海粮仓科技示范工程和种养业良种工程,巩固山东保障粮食安全的重要地位,保障重要农产品供给。加快发展智慧农业、定制农业、体验农业等新业态,建设农村电商、云农场、冷链物流等支撑体系,加快推进特色农产品优势区建设,促进农业特色产业做大、做强。落实食品安全战略，加大对出口食品农产品质量安全示范区建设的支持力度，进一步提升示范效应，带动提升内销农产品质量。加快建设黄河三角洲农业高新技术产业示范区。

文化创意产业。建立文化走向世界新平台、新机制，增强文化自信和软实力。健全现代文化产业体系和市场体系，推动文化创意、设计服务与装备制造业、消费品工业深度融合，培育新型文化业态。加快建设大运河文化带，弘扬墨子文化创新精神和鲁班文化工匠精神，传承创新齐鲁文化，推进优秀传统文化创造性转化、创新性发展。支持创建建筑设计创新平台、时尚服装设计创新创业平台等。鼓励创建对外文化贸易基地和国家级文化产业示范园区。支持济南、青岛建设影视文化消费先行体验区。

精品旅游产业。创新旅游发展机制，推动旅游业与农业、工业、教育、文化、体育、城乡建设以及上下游产业融合发展。扩大高质量、个性化旅游精品供给，完善旅游服务体系。支持低空飞行、旅游演艺、生态休闲、康体健身等旅游新业态项目建设，支持青岛等城市开展邮轮旅游。积极创建全域旅游示范省，加强旅游市场综合整治，严厉打击旅游失信行为，全面提升“好客山东”品牌价值和影响力。

现代金融服务。增强金融服务实体经济能力，加快发展普惠金融，规范发展小额贷款公司、融资担保公司、融资租赁公司，深入开展新型农村合作金融试点，支持按程序开展普惠金融改革，探索完善区域普惠金融服务体系。鼓励符合条件的国内外金融机构在试验区设立分支机构。拓宽股票、债券、私募股权等直接融资渠道，促进多层次资本市场健康发展。支持青岛加快建设财富管理金融综合改革试验区，培育发展财富产品专业市场。在符合条件的前提下，支持济南开展金融服务实体经济改革创新、烟台开展基金管理服务专项改革创新。支持符合条件的地区开展现代保险服务创新试点、知识产权保险试点和债券市场产品创新。强化金融交易市场、金融综合经营、互联网金融等领域监管，积极发挥地方资产管理公司在不良资产处置工作中的作用，完善金融安全防线和风险应急处置机制。

七、深化改革，激发动能转换活力

强化顶层设计、系统谋划和协同推动，构建促进新动能加快成长、传统动能改造提升的政策体系和制度环境，大幅提高资源配置效率和全要素生产率。

创新市场主体健康发展机制。发挥国有企业在动能转换中的引领带动作用，加快国有经济结构调整、创新发展、布局优化，推进国有企业战略性重组。积极发展国有资本、集体资本、非公有资本等交叉持股、相互融合的混合所有制经济，开展地方国有企业混合所有制改革试点，探索分类分层推进混合所有制改革的路径模式。开展地方国有控股混合所有制企业员工持股试点，优先支持科研人员、经营管理人员和业务骨干等持股，建立健全股权流转和退出机制。改革国有资本授权经营体制，推动国有资本做强、做优、做大。全面实施市场准入负面清单制度，清理废除妨碍统一市场和公平竞争的各种规定和做法，激发各类市场主体活力。加快推进中小企业服务体系和信用担保体系建设。支持民营企业建立现代企业制度，开展规范化公司制改造，实现企业产权多元化、治理规范化、管理科学化。

创新要素市场配置机制。坚持有效市场与有为政府相结合，提高资源配置效率。探索知识、技术、信息、数据等新生产要素配置机制，完善政府信息公开和企业信息披露制度，推动数据资源开放共享。加快构建规则统一、公开透明、服务高效、监督规范的公共资源交易平台体系。健全资源性产品价格形成机制，深化电力、油气体制改革，推进交通运输价格等改革。根据党中央、国务院统一部署，有序开展国有建设用地使用权转让、出租、抵押二级市场试点，创新国土资源节约集约方式。经山东省人民政府依法委托，济南、青岛、烟台市人民政府可行使部分县(市、区)的农用地转用和土地征收方案审批权。深化投融资体制改革，依法开展企业投资项目承诺制，探索以政策性条件引导、企业信用承诺、监管有效约束为核心的管理模式。支持利用现有资金渠道设立新旧动能转换基金，加大对重点产业、关键领域的投入力度。

创新财税激励约束机制。推进省以下财政事权和支出责任划分改革。中央财政统筹“蓝黄两区”(山东半岛蓝色经济区、黄河三角洲高效生态经济区)扶持政策给予财力补助，对试验区在化解过剩产能、培育壮大新动能等方面予以支持。在地方政府债务风险可控的前提下，按程序依法适度核增地方政府债券额度。加强财政资金统筹使用，缓解临时性财政收支压力。规范地方政府举债融资，探索发展项目收益与融资自求平衡的地方政府专项债券，严禁违规担保，严禁利用政府和社会资本合作(PPP)、政府投资产业基金等变相举债，建立地方债务风险终身问责、倒查责任制度。结合税制改革方向，统筹研究支持新旧动能转换的税收政策。研究选择部分国家重点扶持的战略性新兴产业和新旧动能转换重点行业(项目),按程序先行先试临时性的期末留抵退税政策。结合服务贸易创新发展试点工作,研究探索服务贸易发展的税收政策安排。

创新绿色发展机制。牢固树立和践行绿水青山就是金山银山的理念,深化生态文明体制改革,构建国土空间开发保护制度,以主体功能区规划为基础,加快推进"多规合一",完善配套政策,推动主体功能区战略格局在市县层面精准落地。建立市场化、多元化生态保护补偿机制,完善生态环境监管体制。实施海洋生态修复工程,实施入海污染物总量控制制度。建立节能减排指标体系、监测体系和考核体系。提高污染排放标准,健全环保倒逼企业转型发展的体制机制。完善污染防治区域联动机制,京津冀大气污染传输通道城市享受京津冀大气污染防治协同治理政策。在确保群众温暖过冬的前提下,加快散煤污染治理。加快货运交通结构调整,提高铁路货运比例。加强工业集聚区水污染治理设施建设,提高危险废物安全处置能力。支持开展碳市场相关工作。开展泰山山水林田湖草生态保护修复工程建设试点。支持资源型地区经济转型发展。加大绿色金融改革创新力度。全面推行环境高风险企业投保环境污染强制责任保险。落实好环境保护、节能节水专用设备投资抵免企业所得税设备目录。

创新城乡融合发展机制。推进以人为核心的新型城镇化,推进山东半岛城市群构建大中小城市和小城镇协调发展的城镇格局。统筹城市综合承载能力,坚持以水定城、产城融合,合理控制特大城市人口规模和发展边界。支持济南、青岛、烟台等市合理调整行政区划。开展建筑业改革发展综合试点,积极推进相关城市开展地下综合管廊试点。大力实施乡村振兴战略,探索城乡基础设施一体化规划、建设、管理模式,完善城乡公共服务统筹推进机制。扩大县域经济社会管理权限。深化农村土地制度改革,扎实推进农村集体产权制度改革,保障农民财产权益。建设一批以产业为依托的特色小镇,引导农业人口就地、就近转移。加大对沂蒙等革命老区的支持力度,壮大优势产业和特色经济,培育经济发展内生动力。

八、创新驱动,增强动能转换动力

坚持创新是引领发展的第一动力,深入实施创新驱动发展战略,完善创新创业制度体系,强化创新创业载体建设,提高创新资源配置水平,推动经济增长动力加快向创新驱动转换。强化企业创新主体地位。引导各类创新要素向企业集聚，使企业成为创新决策、研发投入、科研攻关、成果转化的主体。鼓励企业牵头建设产业技术创新联盟，实施企业创新创业协同行动，支持大型企业开放供应链资源和市场渠道，开展内部创新创业，带动产业链上下游发展，促进大中小微企业融通发展。完善国有企业科技创新考核机制，激发国有企业创新活力。加强中小微企业创新扶持力度，在服务贸易创新发展试点城市，对科技型中小企业实际发生的职工教育经费支出不超过工资薪金总额8%的部分准予税前扣除。

加快重大创新平台建设。突出关键技术、前沿引领技术、现代工程技术、颠覆性技术创新，鼓励试验区企业和科研机构积极承担和参与国家重大科技项目。加强创新基础能力建设，在人工智能、生命科学、量子技术、纳米科技、空天海洋、检验检测认证等领域规划建设制造业创新中心和技术创新中心等。建设超算中心，研究建设大洋钻探船等科研创新平台。推进青岛海洋科学与技术试点国家实验室建设。加快重大创新平台、大型科研仪器设备和专利基础信息等资源面向社会开放共享，推动部省联动、企业科研院所协同实施重大科技项目。

打造区域创新发展载体。加快建设山东半岛国家自主创新示范区，深入推进创新型城市建设，支持创建国家级高新区。深入推进创新创业，支持国家“双创”示范基地、国家小型微型企业创业创新示范基地、国家中小企业公共服务示范平台建设，培育一批创业孵化示范基地和农村创新创业示范基地，支持青岛创建工业互联网创新中心。实施军民融合发展战略，支持青岛(古镇口)创建国家军民融合创新示范区，培育形成一批军民结合、产学研一体的创新平台和创新示范载体，提高军民融合发展助推新旧动能转换的能力。

健全科技成果转化机制。强化科技与经济、创新成果与产业对接，发展线上线、下结合的科技成果交易，推进科技成果转移转化。强化知识产权创造、保护、运用，支持开展知识产权综合管理改革试点和重点产业专利导航试点。支持建立知识产权保护中心，完善知识产权质押融资市场化风险补偿机制。开展知识产权区域布局试点，推进青岛知识产权运营服务体系和国家知识产权服务业集聚区建设。在山东开展国家标准化综合改革试点，支持济南、青岛建设国家检验检测认证公共服务平台。根据国家统一部署，积极开展促进科技与金融结合试点，探索投贷联动试点，构建覆盖创新链条各个环节的科技金融服务体系。科技人员转让科技发明、专利技术等，在计算个人所得税时不能准确计算财产原值的，由税务机关依法核定财产原值。完善财政、金融、保险等支持首台(套)重大技术装备研发、检测评定、示范应用的体系和政策，健全促进创新产品研发应用的政府采购机制。

九、扩大开放，释放动能转换潜力

加快完善法治化、国际化、便利化的开放环境，构建开放型经济发展新体制，推动形成陆海内外联动、东西双向互济的全面开放新格局。

深度融入“一带一路”建设。强化青岛、烟台等海上合作战略支点作用，推进与海上丝绸之路沿线国家和地区港口城市间的互联互通，加强在港口建设经营、海洋经济、能源资源、商贸物流、金融服务、人文交流、生态环保等领域合作。深化与丝绸之路经济带沿线国家和地区交流合作，依托新亚欧大陆桥、中蒙俄等国际经济走廊布局建设境外经贸合作区和重点项目。加快东亚海洋合作平台建设。支持试验区企业加强与境外高新技术和先进制造业企业投资合作，在境外设立研发中心，提高技术研发和生产制造能力。扩大农业对外合作，支持龙头企业开展农林牧副渔等领域互利共赢的投资合作。推动企业稳妥参与境外油气、矿产等能源资源勘探和开发，提高利用和配置全球资源的能力。

塑造开放型经济发展新优势。在济南、青岛、烟台三市，依托国家级新区、国家级经济技术开发区、国家级高新技术开发区和海关特殊监管区域，充分借鉴自贸试验区改革试点经验，加快体制机制创新。深化贸易便利化改革，大力发展跨境电子商务、外贸综合服务、保税展示交易等外贸新业态、新模式。扩大服务业对外开放，大力发展服务外包产业，支持烟台创建服务外包示范城市。加快在试验区建设电子口岸，推广国际贸易单一窗口、一站式作业、一体化通关。支持青岛汽车整车进口口岸开展汽车平行进口试点。创新引资引智引技方式，对外商投资实行准入前国民待遇加负面清单管理制度。

创新区域开放合作模式。积极对接京津冀协同发展战略，主动承接北京非首都功能疏解及京津产业转移。加强环渤海地区合作，繁荣发展湾区经济。密切与长三角、珠三角、东北地区等的经济联系，构建区域间协作发展机制。加强与国内创新型、引领型企业合作，在先进技术、高端人才、重大项目引进等方面实现新突破。

十、加强保障，强化动能转换支撑

全面提升政府服务效能，深入实施人才优先发展战略，合理布局重大基础设施，为新动能加速成长、新旧动能接续转换提供坚实的支撑保障。

建设稳定、公平、透明、可预期的营商环境。持续深化“放管服”改革，建设包容创新、审慎监管、运行高效、法治规范的服务型政府，构建形成“亲”“清”新型政商关系，推进治理体系和治理能力现代化，营造宽松便捷的市场准入环境、公平有序的市场竞争环境、安全放心的市场消费环境。统筹考虑各类机构设置，科学配置政府部门及内设机构权力、明确职责，推进大部门制改革、实行扁平化管理和综合行政执法，形成科学合理的行政管理体制。加大商事制度改革力度，深化“先照后证”改革，扩大“证照分离”改革试点范围，全面推进“多证合一”改革，推行企业登记全程电子化和电子营业执照。创新灵活高效的监管模式，鼓励安全、智慧、绿色的新技术新产业新业态新模式加快发展。加快法规制度适应性变革，完善快速响应和精准服务机制，建立支持新生市场主体创新创业、发展壮大的生态系统。赋予省级及以下政府更多自主权，推进新兴经济领域的权责下移试点。推广“互联网＋政务服务”，全面实行并联审批、阳光审批、限时办结等制度。加强社会信用体系建设，完善跨地区、跨部门、跨领域的守信联合激励和失信联合惩戒机制。深化事业单位改革，建立事业单位编制省内统筹使用制度，完善政府购买服务机制。

健全充满活力的人才支撑体系。建设知识型、技能型、创新型劳动者大军，培养造就一大批具有国际水平的战略科技人才、科技领军人才、青年科技人才和高水平创新团队。支持引进世界一流大学和特色学科，开展“一流大学、一流学科”建设，完善高校治理结构。紧紧围绕国家战略和经济社会发展对高端人才的需求，探索建立高校学科专业、类型、层次和区域布局动态调整机制，促进学科专业交叉融合，加快推进新工科建设，加强面向新技术新产业新业态新模式的学科专业建设。支持依托现有资源，加快康复类、能源类高层次人才培养。加快发展现代职业教育，扩大非学历教育和职业培训，建设职业教育创新发展试验区和一批公共实训基地，培养高素质实用型技能人才。创新人才引进服务机制，吸引国家高端领军人才落户，放宽外籍高层次人才到山东工作条件限制，支持国内外高校、科研机构在试验区设立新型研发机构和中试基地，建设国家级博士后创新创业基地和专家服务基地，支持青岛国际院士港等平台建设。加强新型高端智库建设。发展专业性、行业性人才市场，放宽人力资源服务业准入限制，鼓励发展高端人才猎头等专业化服务机构，建设专业化、市场化、国际化的职业经理人队伍。激发和保护企业家精神，大力营造尊重、关怀、宽容、支持企业家的社会文化环境。弘扬劳模精神和工匠精神，大力营造劳动光荣的社会风尚和精益求精的敬业风气。

完善智能安全的基础设施网络。统筹公路、铁路、航空、港口等交通基础设施建设，完善山东省高速铁路网，加快推进京沪高铁辅助通道、京港（台）通道、沿海通道等山东段重点工程建设。支持济南机场升级改造，建设青岛新机场，新建和迁建一批支线机场。优化港口功能定位，以资本为纽带、以市场为导向整合港口资源，打造现代化港口群。支持青岛建设国际性港口城市。推进京杭运河山东段升级改造，实施小清河复航工程，优化济南跨黄河桥隧布局。推动交通与物流融合发展，开展多式联运、国际中转集拼业务等试点。加快信息基础设施建设，推动互联网骨干节点升级，实施宽带接入网、城域网升级改造，实现互联网协议第 6 版（IPv6）大规模部署和商用，推动海底光缆系统建设，支持青岛建设国际通信业务出入口局，建设济南至互联网国际出入口局的数据专用通道。实施国家节水行动，强化用水需求和过程管理，进一步优化水资源配置格局，科学推进黄水东调应急供水等重点工程建设，增强水安全保障能力。

十一、组织实施

山东省人民政府要切实加强对本方案实施的组织领导，明确责任分工，加大改革创新力度，编制试验区发展规划，建立相关指标体系，加强对新旧动能转换的统计监测，扎实推进试验区建设，重大项目按程序报批。国务院有关部门要按照职能分工，加强对本方案实施的支持和指导，帮助解决方案实施过程中的问题。在试验区推行国家级新区、国家自主创新示范区和全面创新改革试验区可复制推广的政策措施。国家发展改革委要加强对方案实施情况的跟踪分析和督促检查，会同山东省人民政府适时开展方案实施进展情况评估，及时总结提炼可复制、可推广的经验成果，重大问题及时向国务院报告。

附录 2　山东省新旧动能转换基金管理办法

第一章　总　则

第一条　为全面贯彻落实党的十九大精神，坚持以习近平新时代中国特色社会主义思想为指导，深入贯彻习近平总书记视察山东重要讲话、重要指示批示精神，牢牢把握走在前列的目标定位，中共山东省委、省政府决定设立山东省新旧动能转换基金，按照“政府引导、市场运作，公开透明、开放包容，依法合规、防范风险”的原则，突出专业化、市场化、国际化特点，遵循整体设计、分期募集、上下联动、滚动发展的思路，吸引社会资本投入，着力支持全省新旧动能转换重大工程实施。根据有关法律、法规和山东省实际，制定本办法。

第二条　本办法所称“山东省新旧动能转换基金”（以下简称“新旧动能转换基金”）是指由省、市政府发起，主要采取引导基金、母基金、子基金三级架构，按市场化方式与金融机构和境内外社会资本、投资机构合作，重点投资于全省新旧动能转换重点领域的基金。

第三条　山东省新旧动能转换引导基金（以下简称“引导基金”）由省、市政府共同出资 400 亿元设立，通过引导基金注资和市场化募集，吸引国内外金融机构、企业和其他社会资本共同发起设立多只母基金，形成不少于 2000 亿元规模的母基金群。母基金再通过出资发起设立或增资若干只子基金，撬动各类社会资本，形成不少于 6000 亿元的基金规模。

第四条　引导基金重点支持设立母基金，也可根据需要直接出资设立或增资参股子基金[引导基金出资设立的母基金和子基金，以下简称“母（子）基金”]，或直接投资中共山东省委、省政府确定的重点项目。

引导基金支持设立产业类、创投类、基础设施类母基金，其中产业类和创投类母基金规模占母基金总规模的比例原则上不低于 80%。根据市场需求和基金特点，合理规划基金产业、区域分布，防止在同一领域、区域设立基金过于集中或分散。

第五条　在国家政策允许范围内及引导基金承担有限责任的前提下，母（子）基金既可平行出资，也可引入结构化设计，吸引更多社会资本参与。

第六条　引导基金新设母（子）基金名称中应包含“山东省新旧动能转换”字样。

第七条 优化整合现有各类政府投资基金，增资参股符合条件的市场化私募基金，统一纳入新旧动能转换基金管理体系。

第二章 管理机构及职责

第八条 省政府成立山东省新旧动能转换基金决策委员会(以下简称"基金决策委员会")，作为引导基金决策机构。基金决策委员会由常务副省长任主任，分管金融工作的副省长任副主任，省政府秘书长和分管副秘书长，省财政厅、省发展改革委、省审计厅、省国资委、省金融办、引导基金管理公司等相关部门(单位)主要负责同志以及相关领域专家为成员。其他副省长及省直其他部门主要负责同志在基金决策委员会研究涉及分管事项时参加会议。基金决策委员会主要职责包括：

(一)研究决定新旧动能转换基金重大政策和重大事项；

(二)审定新旧动能转换基金管理办法，统筹实施政策指导、监督管理、绩效考核等工作；

(三)审定基金投向负面清单，明确基金禁(限)投业务和范围；

(四)研究制定支持新旧动能转换基金发展的相关政策，确定基金投资方向及项目投资原则；

(五)审议批准引导基金直投项目；

(六)核准引导基金管理公司设立方案，审查公司经营层高管人选；

(七)审议母(子)基金设立方案，包括但不限于投资方向、收益分配、清算、让利、管理费用、决策机制、风险防范等；

(八)研究制定规避防范基金运作风险的措施；

(九)协调解决基金管理中遇到的重大问题；

(十)完成中共山东省委、省政府交办的其他事项。

第九条 基金决策委员会办公室设在省财政厅，承担基金决策委员会日常工作，建立基金决策委员会成员单位工作协调机制，确保基金决策委员会高效有序运行。省财政厅主要负责同志任办公室主任，省财政厅、省发展改革委、省国资委、省金融办、引导基金管理公司等相关部门(单位)分管负责同志任办公室副主任。

第十条 基金决策委员会设立政策审查委员会，由省财政厅、省发展改革委、省经济和信息化委、省科技厅、省审计厅、省国资委、省金融办、人民银行济南分行、山东银监局、山东证监局、山东保监局等单位分管负责同志和部分投资、法律等方面的专家组成。

第十一条　基金决策委员会设立专家咨询委员会，聘请产业、金融、投资、法律、财务等领域的省内外知名专家和业界人士担任委员，为基金运作提供专业咨询。

第十二条　省直有关部门在基金决策委员会中分别承担以下职责：

（一）省财政厅代表省政府履行省级引导基金出资人职责，负责引导基金资金筹集工作，根据引导基金出资需求，将省级政府出资额纳入年度政府预算，并牵头对接各市政府落实引导基金出资任务；

（二）省发展改革委负责基金投资与新旧动能转换重大项目库对接，做好项目组织推介、优选审核等工作；

（三）省审计厅负责对新旧动能转换基金相关政策制定和执行情况、引导基金管理运营进行审计监督；

（四）省国资委负责组织协调省属企业牵头或参与相关产业领域母基金筹划设立工作；

（五）省金融办（省地方金融监督管理局）负责基金管理机构的业务监管和行业指导，以及有关金融机构协调工作；

（六）省直其他相关部门按照部门职能，分别负责相关领域基金筹划设计、项目库建设及项目推介等工作。

第十三条　各市政府负责落实市级引导基金出资和新旧动能转换基金激励奖励政策；结合区域产业特点和资源优势，推动设立区域型母基金；向基金管理机构推荐新旧动能转换重点项目，为基金投资创造良好政策环境。

第十四条　设立引导基金管理公司，作为引导基金管理机构，负责引导基金运营管理和母（子）基金募集运作等工作。公司经营层高管人员向社会公开选聘，实行专业化的管理运作和市场化的人事薪酬制度。引导基金管理公司主要职责包括：

（一）负责引导基金运营管理和母（子）基金募集工作；

（二）遴选拟出资母（子）基金管理机构，开展尽职调查，形成尽职调查报告、基金设立方案，报基金决策委员会办公室；

（三）落实基金决策委员会核准的基金方案，与基金其他出资人开展协议谈判、签订基金章程（协议或合同），并向基金决策委员会办公室备案；

(四)负责对引导基金实行专户管理,专账核算;

(五)负责对母(子)基金投资方向、投资进度、投资收益、资金托管和使用情况进行绩效评价;

(六)代表引导基金以出资额为限对母(子)基金行使出资人权利并承担相应义务,负责对母(子)基金进行监管,通过向母(子)基金委派代表、章程(协议或合同)约定等方式,确保基金运营符合政策方向;

(七)根据基金决策委员会决定,组织开展引导基金直接投资业务;

(八)负责引导基金的退出与清算;

(九)定期向基金决策委员会办公室报告引导基金、母(子)基金投资运作情况及其他重大事项;

(十)承办基金决策委员会办公室交办的其他事项。

第十五条 母基金管理机构负责母基金运营管理。根据基金的合作对象或类型不同,母基金可灵活采取不同模式进行管理。母基金管理机构主要职责包括:

(一)规划参股子基金的构成与投向,自主发起设立或增资若干子基金;

(二)遴选参股子基金管理机构,对拟出资子基金开展尽职调查,与子基金管理机构开展合作谈判,签订子基金章程(协议或合同);

(三)按照引导基金有关政策规定,严格监管子基金投向和省内投资比例;

(四)对母基金直接投资项目开展尽职调查,并负责投资与管理工作;

(五)负责母基金的退出与清算;

(六)定期向出资人报告母基金、参股子基金运行情况。

第十六条 引导基金管理公司管理费根据其运作管理和业绩考核结果确定(具体办法另行制定)。母(子)基金管理机构管理费按章程(协议或合同)约定收取。

第三章 投资原则

第十七条 新旧动能转换基金重点投资以下领域:

(一)支持新技术、新产业、新业态、新模式项目,优先投向各类创新型企业和省级重点人才创新创业等项目,突出支持传统产业改造升级;

(二)支持新兴、优势产业做大、做强,重点投向新一代信息技术产业、高端装备产业、新能源新材料产业、智慧海洋产业、医养健康产业等新兴产业,以及绿色化工产业、现代高效农业、文化创意产业、精品旅游产业、现代金融业等优势产业，优先支持全省新旧动能转换重大项目库项目；

（三）支持基础设施建设，重点投向以人为核心的新型城镇化建设，以及铁路、公路、机场、港口及公共服务领域等基础设施建设项目；

（四）支持对外开放，鼓励企业“走出去，引进来”，重点支持招商引资、招才引智、产融结合、跨国并购项目。

第十八条　母（子）基金采用市场化方式运作，除政府外的其他基金投资者须为具备相应风险识别和风险承受能力的合格机构投资者，基金投资者数量累计不得超过法律规定的特定数量。母（子）基金可分若干期募集。

第十九条　引导基金出资母基金占比可根据母基金定位、管理机构过往业绩、募资难度等因素予以差异化安排。其中，产业类母基金一般按20%比例出资，创投类母基金一般按25%比例出资，基础设施类母基金一般按10%比例出资。

母基金对单只子基金的投资一般不超过子基金总规模的30%。

子基金对单个企业的投资，原则上不超过基金总规模的20%。

第二十条　引导基金可安排不超过10%的比例直接投资项目企业。引导基金直接出资设立子基金，对单只子基金出资占比不得超过子基金规模的10%。

第二十一条　母基金可安排不超过50%的比例直接投资省委、省政府确定的项目。母基金对单个企业的直接投资，原则上不超过母基金总规模的20%。

第二十二条　母基金、子基金企业均应注册设立在山东省内。对省外资金占基金注册资本或承诺出资额比例低于50%的，投资于山东省内的资金比例一般不低于基金可实现投资总额的70%；对省外资金占基金注册资本或承诺出资额比例为50%及以上的，投资于山东省内的资金比例可适当降低，但应不低于60%。

投资省内资金包括：一是基金直接投资于山东省内企业；二是基金投资于省外企业，再由省外企业将基金资金投入到省内子公司的，可置换为省内投资金额；三是为支持省内企业走出去开展全产业链投资，对基金投资到省内企业在省外控股子公司的，可按照控股比例折算为省内投资金额。

第二十三条　母基金、子基金在国家政策允许范围内进行投资。母基金、子基金可跨产业开展投资，跨产业投资比例控制在基金规模的50%以内。产业基金不得跨界投资基础设施领域。

第二十四条　鼓励基金与金融机构和境内外社会资本、投资机构建立全方位联动机制,对基金投资企业给予直接融资或间接融资支持。

第二十五条　产业类、创投类基金存续期一般不超过 10 年,基础设施类基金存续期一般不超过 20 年。存续期满如需延长存续期,应在基金决策委员会批准后,按章程(协议或合同)约定的程序办理。

第四章　投资决策

第二十六条　申请设立母(子)基金的基金管理机构应符合以下条件:

(一)在中国大陆注册,且实缴注册资本原则上不低于 2000 万元,有较强资金募集能力,有固定的营业场所和与其业务相适应的软硬件设施;

(二)有健全的投资管理和风险控制流程、规范的项目遴选机制和投资决策机制,能够为被投资企业提供管理咨询等增值服务;

(三)须在中国证券投资基金业协会完成登记备案,新设立的基金管理机构须承诺在基金设立方案确认后 6 个月内完成登记工作;

(四)管理团队中至少有 3 名具备 3 年以上基金管理工作经验的高级管理人员,至少主导过 3 个以上投资成功案例,具备良好的管理业绩,高级管理人员须具备基金从业资格;

(五)基金管理机构及其高级管理人员无行政主管机关或司法机关处罚的不良记录。

第二十七条　母(子)基金管理机构在基金中认缴出资额根据基金类别确定,一般不低于基金规模的 2%。基金规模较大的可降低认缴出资比例,原则上不低于 1%。

第二十八条　新设母(子)基金除符合第二十六条基金管理机构规定条件外,还应符合以下条件:

(一)在山东省境内注册;

(二)基础设施类母基金原则上单只基金规模不低于 100 亿元,产业类母基金原则上单只基金规模不低于 50 亿元,创投类母基金原则上单只基金规模不低于 10 亿元,不强制限定基金规模,具体情况根据市场需求确定;

(三)主要发起人、投资管理人已基本确定,并草签基金章程(协议或合同);

(四)其他出资人已落实,并保证资金按约定及时足额到位。

第二十九条　申请引导基金对现有投资基金进行增资的，除满足第二十八条规定条件外，还应满足以下条件：

（一）基金已按有关法律、法规设立，并按规定在有关部门备案；

（二）基金投资方向符合本办法有关规定；

（三）基金全体出资人同意增资方案，且增资操作符合国家相关规定。

第三十条　引导基金及出资设立母（子）基金运作应当公开透明，可公开征集，也可邀请相关机构设立，但应在批准设立基金前予以公示。

第三十一条　基金发起人向基金决策委员会办公室提出拟设立母（子）基金的申请。提交的申请材料应包括但不限于：申请引导基金出资的报告、基金出资架构、基金章程（协议或合同）草案、基金管理机构情况、经营管理团队人员名单及履历、团队历史投资业绩、基金投资领域、出资人出资意向及出资能力证明、托管银行意向等材料。

第三十二条　引导基金管理公司根据基金决策委员会办公室通知，对相关社会资本方开展尽职调查，形成尽职调查报告、基金设立方案，报基金决策委员会办公室。

第三十三条　基金决策委员会办公室组织政策审查委员会开展政策性审查。审查结果分为同意、有条件同意和不同意。政策审查委员会主席根据票决结果，作出政策审查结论。一般情况下，全体委员中超过三分之二（含）通过即为同意（含有条件同意）。政策审查委员会主席具有一票否决权。如审查结果为有条件同意，引导基金管理公司应按照政策审查委员会意见，与基金发起人协商修改母（子）基金设立方案等相关材料。如审查结果为不同意，则申请程序终止。

政策审查委员会不就职责以外事项进行审查。

第三十四条　引导基金投资事项经政策性审查通过后，提交基金决策委员会核准。引导基金管理公司根据基金决策委员会核准的基金设立方案，与基金其他出资人开展协议谈判，报基金决策委员会办公室备案后，签订章程（协议或合同）。

第三十五条　基金章程（协议或合同）应根据本办法和基金决策委员会核准的基金设立方案制定。

第五章　收益分配

第三十六条　母（子）基金各出资人应当按照利益共享、风险共担的原则，明确约定收益分配或亏损负担方式。收益分配可按照“先回本后分利，先有限合伙人后普通合伙人”的原则进行，也可根据基金实际情况，由引导基金和其他出资人协商确定。

第三十七条　母（子）基金应根据章程（协议或合同）约定及时分配投资收益。引导基金按照章程（协议或合同）约定从母（子）基金中分配、清算所获得的资金，应及时缴入引导基金托管账户，并按规定上缴省级国库，用于引导基金滚动发展或奖励性支出。

第三十八条　引导基金可通过适当让利方式，鼓励母（子）基金投资于政府主导的投资期长、风险性高、收益率低的项目，具体让利方案由引导基金管理公司制订，按程序报基金决策委员会审批。让利应遵循以下原则：

（一）引导基金让利应以引导基金所产生的收益为限，不得动用引导基金本金；

（二）引导基金只对社会出资人让利，不对其他财政性出资让利；

（三）引导基金让利仅限于引导基金在母（子）基金中出资收益的让利；对母基金参股子基金中社会出资人的让利，由投资管理人与母基金、子基金出资人协商确定。

第三十九条　根据基金类型和投资方向，采取差异化政策，引导基金增值收益可部分或全部让渡给其他出资人或基金管理机构：

（一）经基金决策委员会认定，基金投资于新旧动能转换重大项目库项目，或投资于省内种子期、初创期的科技型、创新型项目，引导基金可让渡全部收益；

（二）投资于基础设施和成熟期项目的，原则上实行同股同权，经基金决策委员会批准，也可将章程（协议或合同）约定的门槛收益率以上部分，适当让渡给其他出资人或基金管理机构；

（三）鼓励基金加大在山东省境内的投资比例，基金投资超过本办法规定最低投资比例的，可提高引导基金让利幅度，最多可让渡全部增值收益；

（四）在基金存续期内，鼓励基金出资人或其他投资者购买引导基金所持基金的股权或份额：在基金注册之日起 2 年内（含 2 年）购买的，可以引导基金原始出资额转让；2 年以上、3 年内（含 3 年）购买的，可以引导基金原始出资额及从第 2 年起按照转让时中国人民银行公布的 1 年期贷款基准利率计算的利息之和转让；设立 3 年以后，引导基金与其他出资人同股同权，在存续期满后清算退出。

第四十条　为提高社会资本参与新旧动能转换基金的积极性，在认真落实国家税收优惠政策的同时，从财政扶持、资源开放、人才引进等方面对基金管理机构和社会出资人进行激励奖励。

第六章　风险控制

第四十一条　母基金、子基金管理机构应当依据法律法规和行业监管要求审慎经营，建立健全并严格遵守资金募集管理、投资者适当性、信息披露、风险管理、内部控制等业务规则和管理制度。

第四十二条　按照利益共享、风险共担的原则，依法实行规范的市场化运作。地方政府不得以借贷资金出资设立各类投资基金，严禁地方政府利用各类投资基金违法违规变相举债。除国务院另有规定外，地方政府及其所属部门设立政府出资的各类投资基金时，不得以任何方式承诺回购社会资本方的投资本金，不得以任何方式承担社会资本方的投资本金损失，不得以任何方式向社会资本方承诺最低收益，不得对有限合伙制基金等任何股权投资方式额外附加条款变相举债。

第四十三条　引导基金、母基金、子基金应由具备资质的银行托管。引导基金托管银行由基金决策委员会办公室选择确定，省财政厅、引导基金管理公司与其签订资金托管协议。母（子）基金托管银行由母（子）基金自主选择，母（子）基金企业、基金管理机构、引导基金管理公司与其签订资金托管协议。子基金托管银行由子基金自主选择确定。

第四十四条　托管银行应当符合以下条件：

（一）成立时间在5年以上的全国性国有银行、股份制商业银行、山东省地方性商业银行；

（二）具有基金托管经验，具备安全保管和办理托管业务的设施设备及信息技术系统；

（三）有完善的托管业务流程制度和内部稽核监控及风险控制制度；

（四）近3年内无重大过失及行政主管部门或司法机关处罚的不良记录。

第四十五条　引导基金、母（子）基金托管银行应于每季度结束后10日内向基金决策委员会办公室、引导基金管理公司报送季度引导基金资金托管报告，并于每个会计年度结束后1个月内报送上一年度的资金托管报告。发现引导基金、母（子）基金资金出现异常流动现象时应及时采取措施，暂停支付，并随时向基金决策委员会办公室和引导基金管理公司报告。

第四十六条　母(子)基金完成工商注册后,应向省地方金融监管部门报送基金设立方案,以及风险管理、内部控制等业务规则和管理制度,基金管理机构应当按照有关法律法规要求,加强行业自律。

引导基金、母(子)基金管理机构应按规定向省地方金融监管部门和基金决策委员会办公室报送业务情况、财务会计报告和合并、分立、控股权变更等其他重大事项。报送内容应当真实、完整。

第四十七条　母(子)基金管理机构要严格落实月报制度,及时向基金决策委员会办公室、引导基金管理公司报送统计报表,按季度向引导基金管理公司提交《基金运行报告》和会计报表,并于每个会计年度结束后 4 个月内,向引导基金管理公司提交经注册会计师审计的《基金年度会计报告》和《基金年度运行情况报告》。

第四十八条　原有各类政府投资基金,其主管部门应按月向基金决策委员会办公室报送统计报表,按季度向基金决策委员会办公室提交《基金运行报告》和会计报表,并于每个会计年度结束后 4 个月内,向基金决策委员会办公室提交经注册会计师审计的《基金年度会计报告》和《基金年度运行情况报告》。

第四十九条　引导基金管理公司按季度汇总母基金、子基金托管情况,报送基金决策委员会办公室,并及时报告母基金、子基金运行中的重大事项,于每个会计年度结束后 4 个月内向基金决策委员会办公室报送经注册会计师审计的《引导基金年度会计报告》和《引导基金年度运行情况报告》。

第五十条　引导基金、母基金、子基金不得从事以下业务:

(一)融资担保以外的担保、抵押、委托贷款等业务;

(二)投资于二级市场股票、期货、房地产、证券投资基金、评级 AAA 级以下的企业债券、信托产品、非保本型理财产品、保险计划及其他金融衍生品;

(三)向任何第三方提供赞助、捐赠(经批准的公益性捐赠除外);

(四)吸收或变相吸收存款,或向第三方提供贷款和资金拆借;

(五)进行承担无限连带责任的对外投资;

(六)发行信托或集合理财产品募集资金;

(七)国家法律法规禁止从事的其他业务。

第五十一条　引导基金管理公司应加强对母(子)基金的监管,及时掌握母基金、子基金以及被投资项目的经营情况。引导基金管理公司派员参与母(子)基金投资管理,对不符合本办法规定,偏离政策投资方向或存在明显套取引导基金倾向等违法违规项目，拥有一票否决权。

第五十二条　引导基金管理公司应密切跟踪母基金、子基金经营和财务状况，防范财务风险。当基金的运营出现违法违规、违反章程（协议或合同）和偏离政策导向等情况时，引导基金管理公司应及时向基金决策委员会办公室报告，并要求相应基金管理机构限期整改。

第五十三条　引导基金管理公司应与其他出资人在基金章程（协议或合同）中约定，有下列情形之一的，引导基金可无需其他出资人同意，选择暂停出资：

（一）基金工商注册登记后12个月投资进度低于基金认缴规模20%的；

（二）存在可能触及引导基金退出条件的情况。

第五十四条　被暂停出资的基金申请恢复引导基金出资，须符合引导基金管理规定，并通过引导基金管理公司向基金决策委员会办公室提出申请。经批准后，引导基金方可继续出资。

第五十五条　有下列情形之一的，基金管理机构应当重组或更换：

（一）管理机构解散、破产或由接管人接管其资产的；

（二）管理机构丧失管理能力或严重损害基金投资者利益的；

（三）按照基金章程（协议或合同）约定，持有基金三分之二以上权益的投资者要求管理机构重组或更换的；

（四）基金章程（协议或合同）约定管理机构重组或更换的其他情形。

第五十六条　引导基金管理公司应与其他出资人在母（子）基金章程（协议或合同）中约定，有下列情形之一的，引导基金可选择退出：

（一）基金方案确认后超过6个月，基金未按规定程序和时间要求完成设立或增资手续的；

（二）基金完成设立或增资手续后超过12个月，基金未开展投资业务的；

（三）基金投资领域和方向不符合政策目标的；

（四）基金未按章程（协议或合同）约定投资的；

（五）基金管理机构发生实质性变化的；

（六）基金或基金管理机构违反相关法律法规、政策规定或协议约定其他情形的。

第五十七条　基金在运营过程中出现下列情形之一的，应当终止运营并清算：

（一）代表三分之二以上基金份额的合伙人（股东）要求终止，并经合伙人（股东)会议决议通过的；

(二)发生重大亏损，无力继续经营的；

(三)出现重大违法违规行为，被管理机关责令终止的。

第七章 考核监督

第五十八条 基金决策委员会办公室按照有关规定，建立绩效考核制度，按照基金投资规律和市场化原则，从整体效能出发，对引导基金、母(子)基金政策目标、政策效果进行综合绩效评价，不对单只基金或单个项目盈亏进行考核。

第五十九条 引导基金管理公司根据引导基金参股比例，合理确定引导基金监管范围和监管层级。在母(子)基金层面，引导基金管理公司应重点监督管理母(子)基金设立和引导基金出资，确保政策落实，防范财务风险。在子基金层面，引导基金管理公司主要对基金投向进行合规性审查，不干预管理运营和投资决策。

第六十条 引导基金及管理公司须接受审计部门的审计及财政部门的监督检查。基金管理机构须落实适度监管要求，接受地方金融监管部门的业务监管。对任何单位和个人在管理中出现涉及财政资金、地方金融管理的违法违纪行为，依照有关法律法规进行严肃处理，并追究相应的法律责任。涉嫌犯罪的，移送司法机关依法处理。

第六十一条 按照《中共山东省委、山东省人民政府印发〈关于激励干部担当作为干事创业的意见(试行)〉的通知》(鲁发〔2017〕15号)有关要求，建立容错机制，实行容错免责，鼓励大胆创新。

第八章 附 则

第六十二条 引导基金与中央财政资金共同参股发起设立基金的，按照国家有关规定执行。其他政府引导基金管理的有关规定，凡与本办法不一致的，按照本办法执行。

第六十三条 本办法自2018年1月1日起施行，有效期至2022年12月31日。

附录3　山东省新旧动能转换基金省级政府出资管理办法

第一章　总　则

第一条　为全面贯彻落实党的十九大精神，坚持以习近平新时代中国特色社会主义思想为指导，进一步规范山东省新旧动能转换基金省级政府出资管理，提高财政资金使用效益，防范投资风险，根据《财政部关于印发〈政府投资基金暂行管理办法〉的通知》(财预〔2015〕210号)、《财政部关于财政资金注资政府投资基金支持产业发展的指导意见》(财建〔2015〕1062号)等规定，制定本办法。

第二条　本办法所称省级政府出资，是指通过一般公共预算、政府性基金预算、国有资本经营预算等安排的、用于设立山东省新旧动能转换引导基金的资金。

第三条　省政府授权省财政厅代行政府出资人职责。

第二章　引导基金设立

第四条　省、市政府共同出资400亿元(其中省级政府出资200亿元)，设立山东省新旧动能转换引导基金(以下简称“引导基金”)。通过引导基金注资和市场化募集，吸引金融机构和境内外社会资本、投资机构共同发起设立或增资若干只母基金，母基金通过市场化方式，发起设立或增资若干专项子基金。

引导基金可直接出资设立母基金、子基金[以下简称“母(子)基”]，也可直接投资项目企业。

第五条　引导基金管理公司承担引导基金管理和母(子)基金募集运作等相关工作。

第六条　引导基金聚焦新旧动能转换重大工程，着力推动创新发展，突出支持新技术、新产业、新业态、新模式项目，重点支持五大新兴产业与五大优势产业项目，以及交通等基础设施建设项目，大力对接国家“一带一路”发展战略项目。基金类型以产业类基金为主，优先布局科技创新领域。

第七条　引导基金、母(子)基金出资人应根据法律法规等签订章程(协议或合同)，约定基金设立的规模、存续期限、出资方案、投资领域、决策机制、基金管理机构、风险防范、投资退出、管理费用和收益分配等事项。

第三章 引导基金运作和风险控制

第八条 引导基金应按照“政府引导、市场运作，公开透明、开放包容，依法合规、防范风险”的原则进行运作，突出专业化、区域化、行业化的特点，遵循整体设计、分期募集、上下联动、滚动发展的思路，着力支持全省新旧动能转换重大工程实施。

第九条 引导基金投资、投后管理、清算、退出等通过市场化方式运作。引导基金应建立科学的决策机制，确保基金政策目标实现。

第十条 引导基金应按照利益共享、风险共担的原则，与母(子)基金其他出资人明确约定收益处理和亏损负担方式。对于归属政府的结余投资收益和利息等，除明确约定继续用于引导基金滚动使用外，应按照财政国库管理制度有关规定及时足额上缴国库。母(子)基金的亏损由出资人共同承担，引导基金以出资额为限承担有限责任。

为更好地发挥引导作用，引导基金可适当让利，但不得以任何方式承诺回购社会资本方的投资本金，不得以任何方式承担社会资本方的投资本金损失，不得以任何方式向社会资本方承诺最低收益，不得对有限合伙制基金等任何股权投资方式额外附加条款变相举债。引导基金分红部分可安排一定资金，用于对考核优秀的母(子)基金管理机构给予奖励。

第十一条 引导基金应当遵照国家有关财政预算和财务管理制度等规定，建立健全内部控制和外部监管制度，建立投资决策和风险约束机制，切实防范基金运作过程中可能出现的风险。

第十二条 引导基金必须委托符合条件的银行进行托管。托管银行依据托管协议负责账户管理、资金清算、资产保管等事务，对投资活动实施动态监管。

第四章 引导基金终止和退出

第十三条 产业类、创投类基金存续期一般不超过10年，基础设施类基金存续期一般不超过20年。确需延长存续期的，应经山东省新旧动能转换基金决策委员会(以下简称“基金决策委员会”)批准后，按章程(协议或合同)约定的程序办理。

第十四条 母(子)基金终止后，应当在出资人监督下按照章程(协议或合同)约定组织清算，并将引导基金本金和收益及时上缴引导基金托管银行。引导基金应按照财政国库管理制度有关规定将基金本金和收益上缴省级国库，用于引导基金滚动发展或奖励性支出。

第十五条　引导基金一般应在母(子)基金存续期满后退出，存续期未满如达到预期目标，也可通过股权回购等方式适时退出。

第十六条　引导基金管理公司应与其他出资人在基金章程(协议或合同)中约定，有下列情形之一的，引导基金可无需其他出资人同意，选择暂停出资：

(一)母(子)基金工商注册登记后12个月投资进度低于基金认缴规模20%的；

(二)存在可能触及引导基金退出条件的情况。

第十七条　被暂停出资的基金申请恢复引导基金出资，须符合引导基金管理规定，并通过引导基金管理公司向基金决策委员会办公室提出申请。经批准后，引导基金方可继续出资。

第十八条　引导基金管理公司应与其他出资人在母(子)基金章程(协议或合同)中约定，有下列情形之一的，引导基金可无需其他出资人同意，选择提前退出：

(一)基金方案确认后超过6个月，基金未按规定程序和时间要求完成设立或增资手续的；

(二)基金完成设立或增资手续后超过12个月，未开展投资业务的；

(三)基金投资领域和方向不符合政策目标的；

(四)基金未按章程(协议或合同)约定投资的；

(五)基金管理机构发生实质性变化的；

(六)基金或基金管理机构违反相关法律法规、政策规定或协议约定其他情形的。

第十九条　引导基金从母(子)基金退出时，应当按照章程(协议或合同)约定的条件退出；没有约定或未按约定退出的，由引导基金管理公司制定退出方案，报基金决策委员会审定，并应聘请具备资质的资产评估机构对出资权益进行评估。

第五章　引导基金政府出资预算管理

第二十条　引导基金管理公司应根据引导基金发展规划，将当年省级政府出资需求报省财政厅。省财政厅将当年政府出资额纳入年度政府预算。

第二十一条 省财政厅按照财政国库管理制度规定拨付政府出资。引导基金管理公司根据年度预算、项目投资进度及实际用款需要向省财政厅申请引导基金出资。省财政厅按照预算指标、公司申请及项目进度拨付资金。

第二十二条 省财政厅拨付资金时，增列当期预算支出，并通过相应的支出分类科目予以反映；收到投资收益时，作增加当期预算收入处理，并通过相应的预算收入科目予以反映；基金清算或退出收回投资时，按拨付时列支的分类科目，作冲减当期财政支出处理。

第二十三条 母(子)基金出资采取认缴制，由出资人先行签订章程(协议或合同)，再视资金需求分期出资。引导基金与其他投资人对母(子)基金应同步出资。

第六章 引导基金资产管理

第二十四条 省财政厅应按照《财政总预算会计制度》，完整、准确地反映政府对引导基金出资形成的资产和权益。对拨付资金，在增列财政支出的同时，要相应增加政府资产——“股权投资”和净资产——“资产基金”，并根据本级政府投资基金的种类进行明细核算。基金清算或退出收回投资本金时，应冲减当期财政支出，并按照政府累计出资额相应冲减政府资产——“股权投资”和净资产——“资产基金”。

第二十五条 政府应分享的投资损益按权益法进行核算。引导基金管理公司应当在年度结束后及时将引导基金全年投资收益或亏损情况向省财政厅报告。省财政厅按照当期损益情况作增加或减少政府资产——“股权投资”和净资产——“资产基金”处理；省财政厅收取引导基金管理公司上缴投资收益时，相应增加财政收入。

第二十六条 引导基金管理公司应按月向省财政厅报告基金运行情况、资产负债情况、投资损益情况，及时报告其他可能影响投资者权益的重大事项，按季度编制并向省财政厅报送资产负债表、损益表及现金流量表等报表，按年提交财务审计报告。

第七章 监督管理

第二十七条 引导基金及管理公司应当接受审计、财政等部门的审计、监督检查。对于检查中发现的问题，应按照《中华人民共和国预算法》和《财政违法行为处罚处分条例》(国务院令第 427 号)等有关法律法规予以处理。对涉嫌犯罪的，移送司法机关追究刑事责任。

第八章　附　则

第二十八条　引导基金与中央财政资金共同参股发起设立基金，按照国家有关规定执行。

第二十九条　各市政府出资参与山东省新旧动能转换引导基金，可参照本办法执行。

第三十条　本办法自 2018 年 1 月 1 日起施行，有效期至 2022 年 12 月 31 日。

附录 4　山东省新旧动能转换基金激励办法

为有效吸引金融机构、社会资本和国内外优秀投资机构参与山东省新旧动能转换基金设立工作，根据国家有关法律法规规定，结合山东实际，制定本办法。

一、适用范围

按照国家有关法律法规规定，以公司制、合伙制、契约制等形式在山东省境内新设（迁入），纳入全省新旧动能转换基金管理，并在中国证券投资基金业协会完成备案（登记）的基金及其管理机构。

二、税收优惠政策

严格落实《中华人民共和国企业所得税法》《中华人民共和国个人所得税法》等国家税法，认真执行财政部、国家税务总局出台的各项税收优惠政策。

（一）企业所得税

1. 合伙制股权投资类企业不作为企业所得税纳税主体，可采取“先分后税”的原则，由每一个合伙人作为纳税义务人分别纳税。

2. 符合条件的居民企业之间的股息、红利等权益性投资收益为免税收入，免征企业所得税。

3. 股权投资类企业对外进行权益类投资所发生的损失，符合税法规定的，在经确认的损失发生年度，作为企业损失在计算企业应纳税所得额时一次性扣除。

（二）个人所得税

4. 合伙企业自然人的生产经营所得，比照个人所得税法的“个体工商户的生产经营所得”应税项目，适用 5%～35%的五级超额累进税率，计算征收个人所得税。

5. 合伙企业对外投资分回的利息或股息、红利所得，不并入企业收入，而应单独作为投资者个人取得的利息、股息、红利所得，按“利息、股息、红利所得”应税项目计算缴纳个人所得税。

(三)其他税收

6.创业投资企业采取股权投资方式投资于未上市的中小高新技术企业2年以上,凡符合《国家税务总局关于实施创业投资企业所得税优惠问题的通知》(国税发〔2009〕87号)规定条件的,可按其对中小高新技术企业投资额的70%,在股权持有满2年的当年抵扣该创业投资类企业的应纳税所得额;当年不足抵扣的,可结转至以后纳税年度抵扣。

7.根据《财政部、国家税务总局关于将国家自主创新示范区有关税收试点政策推广到全国范围实施的通知》(财税〔2015〕116号)有关规定,有限合伙制创业投资企业采取股权投资方式投资于未上市的中小高新技术企业满2年的,其法人合伙人可按照对未上市中小高新技术企业投资额的70%抵扣该法人合伙人从该有限合伙制创业投资企业分得的应纳税所得额,当年不足抵扣的,可在以后纳税年度结转抵扣。

8.股权投资类企业缴纳房产税、城镇土地使用税确有困难并符合国家规定减免条件的,按国家规定程序报批后,可给予减免。

9.基金企业可享受国务院批准的山东新旧动能转换综合试验区各项税收优惠政策。

三、引导基金让利政策

10.根据基金类型和投资方向、投资阶段,采取差异化政策,引导基金增值收益可部分或全部让渡给其他出资人或基金管理机构。经山东省新旧动能转换基金决策委员会(以下简称"基金决策委员会")批准,基金投资于新旧动能转换重大项目库项目,或省内种子期、初创期的科技型、创新型项目的,引导基金可让渡全部增值收益;投资于基础设施和成熟期产业项目的,原则上实行同股同权,经基金决策委员会批准,也可将章程(协议或合同)约定的门槛收益率以上部分,适当让渡给其他出资人或基金管理机构。通过引导基金让利,鼓励基金加大山东省内投资比例,最多可让渡引导基金全部增值收益。

11.在母基金存续期内,鼓励基金出资人或其他投资者购买引导基金所持基金的股权或份额。在母基金注册之日起2年内(含2年)购买的,以引导基金原始出资额转让;2年以上、3年以内(含3年)购买的,以引导基金原始出资额及从第2年起按照转让时中国人民银行公布的1年期贷款基准利率计算的利息之和转让。

四、财政扶持政策

12.落户奖励。在山东省境内新设或迁入且承诺5年内不迁离山东的基金，可根据基金规模、基金类型等，按不超过基金实缴规模（基金实缴金额扣除省级及以下政府引导基金份额）的一定比例给予落户奖励。落户奖励比例由基金注册所在县（市、区）确定，奖励资金由基金注册所在县（市、区）负担。

13.绩效奖励。基金决策委员会办公室每年委托专业机构对基金管理情况进行绩效评价，对投资运作快、投资效益好的基金管理机构和团队，根据绩效评价结果给予奖励。

14.贴息补助。经中共山东省委、省政府批准，金融机构投资于山东省境内重大战略性项目，省财政可按银行实际贷款利率的一定比例给予财政贴息。

15.专项资金扶持。对基金投资的具体企业项目，在申报省级及以下各级专项资金时，同等情况下优先予以支持；申请国家专项资金支持时，同等情况下优先申报，省财政厅等相关部门积极予以协助。

五、资源开放政策

16.优先向新旧动能转换基金推介优质项目资源，为基金投资创造良好条件。鼓励实体企业参与基金出资，支持“投、贷、建”联动，在同等条件下优先向其开放项目资源。

17.对出资参与山东省新旧动能转换基金，同时参与山东重大项目和重要基础设施建设的国有企业、民营企业、外商投资企业、境外投资机构等，同等条件下向其优先开放市场准入和项目资源。

18.充分发挥政府资金引导作用，对于积极参与山东省新旧动能转换重大工程表现突出的市场化私募基金，可给予增资增信支持。对山东省新旧动能转换基金投资的企业，优先纳入省级上市挂牌后备资源。

六、人才引进政策

19.优先推荐基金管理机构的优秀高管人员参加山东省金融高端人才奖励

遴选和齐鲁金融之星评选等选拔。成功入选的，按照《山东省人民政府办公厅关于印发〈山东省金融高端人才奖励办法〉〈齐鲁金融之星选拔管理办法〉的通知》(鲁政办字〔2017〕93号)等规定，给予资金奖励、纳入山东省高层次人才库等待遇。

20.各地对享受人才政策的基金管理机构高管人员，可给予一次性住房补贴、安家费等补助。享受人才政策的基金管理机构高管人员及其配偶和未成年子女，可向基金注册地公安部门申请办理常住户口；其子女就读中小学、幼儿园的，可根据实际情况，由基金注册地教育行政部门协调优先安排入学。

七、附则

21.本办法自2018年1月1日起施行，有效期至2022年12月31日。

附录 5　山东省新旧动能转换促进条例

第一条　为了促进和保障新旧动能转换，推动经济发展质量变革、效率变革、动力变革，构建现代化经济体系，实现高质量发展，根据有关法律、行政法规，结合本省实际，制定本条例。

第二条　促进新旧动能转换应当贯彻新发展理念，深化供给侧结构性改革，遵循经济发展规律，发挥市场在资源配置中的决定性作用，更好发挥政府作用，以发展实体经济为着力点，激励创新、优化服务，提高全要素生产率。

促进新旧动能转换应当发挥企业主体作用。鼓励企业建立和完善现代企业制度，加强创新能力建设，注重对新生产要素的运用，优化对能源资源、土地空间等传统生产要素的利用，公平参与市场竞争，提高核心竞争力。

第三条　县级以上人民政府应当加强新旧动能转换促进工作的组织领导，建立健全规划实施、人才培养、项目推进、招商引资、招才引智、督导考核等工作机制，明确任务目标，制定推进措施，协调解决重大问题。

省人民政府发展改革部门负责研究提出全省新旧动能转换重大生产力布局，组织实施新旧动能转换相关规划和计划，综合指导和协调推进新旧动能转换综合试验区建设等工作；设区的市、县（市、区）人民政府发展改革部门负责本行政区域内新旧动能转换的指导、管理、协调和服务工作。

第四条　省人民政府应当加快完善可预期的环保、能耗、水耗、安全、质量、技术等标准，加强财税、金融、价格、土地等政策的协调配套，完善去产能奖补机制，鼓励产能置换指标市场交易，构建调节产能和能耗的市场化长效机制。

县级以上人民政府应当按照去产能与深化国有企业改革、企业兼并重组、企业升级改造相结合的原则，提高企业重组基金使用效率，加快处置僵尸企业，创新职工安置、债权债务化解等配套政策。

第五条　省人民政府应当建立健全以用地、用水、能耗、污染物排放等单位资源要素产出效益为导向的企业绩效评价制度，实行差异化资源配置机制和节能降耗激励机制。

省人民政府建立全省统一的能耗大数据平台，为单位能耗产出效益评价和用能权交易等提供基础支撑；推进用能权有偿使用和交易，建立用能指标省级统一调配制度。具体办法由省人民政府制定。

第六条　县级以上人民政府应当研究制定有利于人力资源、知识、技术、信息、数据等新生产要素向新兴经济领域聚集的政策措施，重点支持发展新一代信息技术、高端装备、新能源新材料、现代海洋、医养健康等产业，培育形成新动能。

县级以上人民政府应当因地制宜，支持传统产业运用新技术、新业态、新模式实现转型升级，重点发展高端化工、现代高效农业、文化创意、精品旅游、现代金融服务等产业，改造形成新动能。

鼓励企业按照新旧动能转换的要求，加强企业技术改造，加快淘汰落后产能；通过实施“互联网＋”、人工智能、大数据行动计划，重点推广开放式研发、个性化定制、协同式创新等制造业新模式，加快发展网络经济、标准经济、品牌经济、融合经济等服务业新业态。

第七条　设区的市人民政府应当立足发展实际，结合新旧动能转换发展重点，选择确定本地区优先发展的产业集群。省人民政府发展改革部门应当根据全省生产力布局，对各市优先发展的产业集群予以统筹，推动产业错位发展。

省人民政府有关部门对设区的市人民政府确定的优先发展产业集群，在土地供应、资金安排、能耗指标、基础设施、重大项目等方面予以重点支持。

第八条　省人民政府应当组织有关部门推动新兴行业标准制定工作，鼓励社会组织、技术联盟和企业参与优势产业、特色领域的标准制定，支持技术标准创新基地建设，建设和优化标准体系，推动产业升级和新兴行业发展。

省人民政府应当组织有关部门推动实施质量强省和品牌战略，完善质量管理体系，建立与国际接轨的品牌培育、管理和评价体系，强化和落实商标保护机制，优化品牌建设环境，引导品牌高端化。

第九条　县级以上人民政府应当推进国有资本布局结构战略性调整，引导国有资本向新旧动能转换重点产业、重要基础设施和公共服务等领域延伸集聚；完善国有企业监督管理体系和国有资产管理体制，改革国有资本授权经营体制和投资运营模式，实行国有资本投资负面清单、监管权力清单和责任清单管理制度。

国有企业应当按照混合所有制改革的要求，优化国有企业股权结构。除国家规定必须保持国有资本控股的企业外，其他企业可以根据实际确定国有股权比例，允许非国有资本控股。

国有企业应当健全现代企业制度，完善市场化经营机制，健全中长期激励措施，实行企业经理层成员任期制和契约化管理，推行职业经理人制度，增强国有企业活力。

第十条 县级以上人民政府应当保障民营企业合法权益，支持民营资本参与混合所有制改革，制定支持民营企业发展的政策措施，创新政策执行方式，构建亲清新型政商关系，鼓励、支持、引导、保护民营经济发展。

县级以上人民政府应当严格实施国家发布的市场准入负面清单，对市场准入负面清单以外的行业、领域、业务等，各类市场主体都可以依法平等进入。

县级以上人民政府应当实施公平竞争审查制度，在市场准入、产业发展、经营运行、招标投标、政府采购等方面，为民营企业打造公平竞争环境。

禁止在工程建设项目招标投标、政府采购、国有土地和矿业权出让、国有产权交易等过程中设置限制或者排斥民营企业的条件；对参与政府主导重大建设项目的民营企业，不得设置初始业绩门槛。在政府部门招标投标活动中，不得以企业经营年限、注册资金、非强制资质认证、特定区域或者特定行业业绩等对民营企业额外设置限制条件。

第十一条 推动新旧动能转换应当坚持对内对外开放相互促进，深度融入“一带一路”建设，高质量建设中国—上海合作组织地方经贸合作示范区等开放合作平台，对接国际贸易投资规则，实行外商投资准入前国民待遇加负面清单管理制度；对接京津冀协同发展等国家重大区域战略，建立区域协调发展新机制，推动形成全面开放新格局。

第十二条 县级以上人民政府财政、科技等部门应当完善扶持科技计划和资金管理制度，落实激励企业研发的首台套重大技术装备应用、税前加计扣除、固定资产加速折旧以及企业研发投入后补助等普惠性政策，健全促进创新产品研发应用的政府采购机制，引导创新要素向企业聚集。

鼓励以企业为主导建立产业技术创新联盟，引导龙头企业联合中小企业、科研机构和高等学校系统布局创新链，创新产学研合作方式，联合实施产业关键共性技术攻关，促进技术开发和转化应用。

第十三条 省人民政府科技、教育等部门应当按照国家和省有关科研、教育体制改革与机制创新的要求，加快科研机构分类改革，推进一流大学、一流学科建设，合理调整专业设置，增设面向新经济、新产业、新技术的学科专业，推动教育和产业统筹融合。

对从事基础研究、前沿技术研究、社会公益研究的科研机构和学科专业，实行财政投入为主、引导社会参与的支持机制；推动技术开发类科研机构进行企业化改制，建立市场导向的技术创新机制。

第十四条　省人民政府科技、发展改革、工业和信息化、教育等部门，应当支持各类创新平台、新型研发机构和公共服务平台建设，推动国家实验室、超算中心、国家制造业创新中心、大数据中心等国家级科技创新平台和大型科技基础设施布局建设。

建立科技资源有序开放、安全共享的激励机制。利用财政性资金或者国有资本购置、建设的大型科学仪器设施的所有者或者管理者，在安全规范的前提下，应当依法履行共享使用义务，为企业、科研机构、高等学校等开展创新活动提供共享服务。鼓励以社会资金购置、建设的大型科学仪器设施所在单位向社会提供共享服务。

第十五条　省和设区的市人民政府科技、教育、人力资源社会保障、财政、税务等部门，应当建立规范的知识产权执法协作、责任追究和损害赔偿制度，健全科技成果转化和知识产权保护机制，完善有利于激励创新的知识产权权益分配和奖励制度。

鼓励发展专业化技术转移体系与风险投资等相结合的科技成果转化模式。支持企业和其他组织或者个人参与创业投资事业，通过设立促进科技成果转化基金或者风险投资基金等方式促进科技成果转化；支持科研机构和高等学校科研人员到企业兼职从事研发和成果转化工作。

企业、科研机构和高等学校与省外研发机构合作开展科学研究，成果在省内产业化的，享受省内科研项目的扶持政策。从事科技成果转化咨询、科技信息服务等工作的科技中介服务机构，按照规定享受非营利科研机构的优惠政策。

第十六条　省和设区的市人民政府应当深化扩权强县改革，建立并完善行政管理权限下放机制，实施有序协同放权，推动关联、相近类别行政管理事项全链条委托或者下放，依法扩大县域经济社会管理权限。

县级以上人民政府应当推进行政审批和行政服务标准化，按照削权减证、流程再造、限时规范、精准高效的原则，推进政务服务体制机制改革，完善公共服务体系，建立政务服务平台，推广“互联网＋政务服务”和公共数据平台服务，推行一个窗口受理、集中办理、限时办结、一次办好，为加快新旧动能转换提供优质、便捷服务。

县级以上人民政府发展改革、工业和信息化、住房城乡建设、行政审批等部门应当深化企业投资项目审批制度改革，强化企业投资主体地位，建立企业投资项目清单管理制度，实行多评合一、并联审批。

第十七条　县级以上人民政府市场监督管理、行政审批等部门应当推进工商注册便利化，建立适应新兴业态发展的注册和管理制度，推行市场主体全程电子化登记，简化企业注销程序，完善企业年报信息信用修复机制，改进对企业的服务，充分释放发展新动能。

实行证明事项告知承诺制。法律、法规未设定证明事项的，有关部门和单位不得要求企业或者个人提供相关证明材料。

第十八条　县级以上人民政府应当结合当地优势产业，拓展资本投资渠道，制定发布招商指导目录和促进战略投资的综合支持政策，加强各类招商引资专业平台建设，完善招商引资激励机制，推动精准招商和优质投资项目落地。

县级以上人民政府应当完善企业投诉服务机制，及时处理企业和投资者反映的问题。

第十九条　县级以上人民政府司法行政等部门、人民法院、人民检察院等应当按照各自职责，完善多元化解纠纷机制，畅通市场主体纠纷解决渠道，创新司法便民利民措施，完善信息公开机制，实现在线办理、咨询、监督以及联网核查。

人民法院、人民检察院和公安机关应当强化平等保护司法理念，遵循谦抑审慎司法原则，在案件办理中严格区分经济纠纷与经济犯罪的界限，审慎采取刑事手段，依法规范强制措施适用，提高案件办理和执行效率，为新旧动能转换营造公平公正的法治环境。

第二十条　县级以上人民政府应当加强社会信用体系建设，完善跨地区跨部门跨领域的守信联合激励和失信联合惩戒机制，完善信用监管等新型监管措施，为新旧动能转换提供良好信用环境。

各级人民政府和有关部门应当加强政务诚信建设，坚持政务公开、守信践诺、失信惩戒，建立政务领域失信记录制度，健全政务诚信约束、评价、监督和问责机制，全面履行依法订立的各类合同和作出的政策承诺。

第二十一条　省和设区的市人民政府发展改革等部门应当建立新旧动能转换重大项目库，明确入库标准，加强分类管理，确定优选项目并实行项目退出和增补制度，及时对入库项目实行动态调整。

县级以上人民政府应当完善入库项目扶持政策，在项目审批、建设用地、资金安排、服务保障等方面予以优先支持，确保重大项目实施。

第二十二条　县级以上人民政府应当加大对新旧动能转换的财政资金投

入，通过提供贷款贴息、以奖代补以及风险补偿等方式，重点支持绿色经济、数字经济、总部经济、标准经济、人才队伍建设等领域。发挥政府在科技创新中的引导和推动作用，积极安排并逐步增加研究与试验发展的财政经费支出。

省人民政府财政部门应当强化财政对新旧动能转换的支持和引导，建立与新旧动能转换成效挂钩的转移支付分配机制，健全财政收入结构优化奖励制度，完善财政资金绩效评价与预算安排挂钩等机制，促进新旧动能转换。

第二十三条　省人民政府财政和税务部门应当落实国家税收优惠政策，对符合条件的战略性新兴产业和新旧动能转换重点行业（项目），按照国家规定实行增值税期末留抵退税政策。

省人民政府财政和税务部门应当建立健全高新技术企业税收增长奖励、重点园区单位税收领先者激励、跨区域异地投资项目税收利益分享制度。

县级以上人民政府财政和税务部门应当全面落实科技成果转化税收优惠政策，对科研机构、高等学校及其有关科技人员从事科技成果转化所得，按照国家规定减征或者免征所得税。

科技人员转让科技发明、专利技术等，在计算个人所得税时不能准确计算财产原值的，由税务部门依法核定财产原值。高新技术企业转化科技成果给予个人的股权奖励，可以在规定期限内分期缴纳个人所得税；符合条件的，可以选择递延缴纳个人所得税。

第二十四条　省人民政府自然资源等部门应当创新土地资源节约集约利用方式，建立健全亩均效益企业分类评价制度，对不同类型企业实行差异化供地政策。推行工业用地弹性年期出让、先租后让、租让结合和长期租赁等用地方式。

对省新旧动能转换重大项目库的优选项目用地，采取省土地计划专项指标或者省市县联供方式予以重点保障，需要调整耕地占补平衡指标的，可以在省内调剂使用。新增建设用地指标、城乡建设用地增减挂钩指标应当向新旧动能转换综合试验区倾斜。

省人民政府可以依法委托有关设区的市人民政府行使省级农用地转用和土地征收方案审批权。

第二十五条　县级以上人民政府应当根据当地产业发展需要，优化整合现有政府投资基金，设立新旧动能转换引导基金、纾困基金和应急转贷基金，建立政府引导、市场运作、权责一致、高效灵活的基金运作机制，采取差异化的引导基金让利政策，引导社会资本共同发起设立新旧动能转换基金，加大对重点产业、关键领域的投入。

第二十六条 县级以上人民政府地方金融监管、财政等部门应当完善融资风险补偿机制，推进政府性融资担保体系建设，统筹政府性融资担保、再担保和商业性担保、互助担保协同发展。

鼓励金融机构和地方金融组织创新金融服务模式和金融产品，发展普惠金融、绿色金融、科技金融，增强金融服务新旧动能转换的能力。

省人民政府财政部门应当建立健全知识产权融资市场化风险补偿机制，其中，对企业专利权质押保险保费按照规定给予补贴。

第二十七条 县级以上人民政府人力资源社会保障、教育、科技、公安等部门应当制定发布本地区人才培养、引进计划，完善人才培养、引进措施，创新人才服务机制，优化人才结构，加大高精尖领军人才、高素质实用型技能人才培养和柔性引才力度。

县级以上人民政府应当加强企业家队伍建设，依法保护企业家人身和财产权、创新收益权和经营自主权，营造有利于企业家干事创业、诚信经营、公平竞争的法治环境和市场环境，强化激励机制，发挥企业家在新旧动能转换中的重要作用。

第二十八条 县级以上人民政府应当建立区域差异化督导考核制度，明确督导考核的原则、事项、方法、奖惩政策等，发挥督导考核的激励和监督作用。

省人民政府应当综合运用考核结果，对工作推进力度大、成效突出、考核排名靠前的设区的市和县（市、区）人民政府给予表彰激励，并在项目安排、资金支持、土地供应等方面给予倾斜，对其政府主要负责人给予表扬奖励。

完善国家工作人员激励机制，改革考核评价制度，鼓励担当作为、干事创业，大胆探索、先行先试。对在新旧动能转换中做出突出贡献的人员，县级以上人民政府应当给予精神和物质奖励。

第二十九条 建立健全责任明晰、措施具体、程序严密、配套完善的容错免责机制和澄清保护机制，实行免责正面和负面清单管理。对在推进新旧动能转换工作中因缺乏经验、先行先试出现的失误错误，尚无明确限制的探索性试验中的失误错误，以及为推动发展的无意过失，导致改革创新未能实现预期目标，但是符合国家和省确定的改革方向，有利于推动高质量发展，决策程序符合法律、法规规定，且未牟取私利或者损害公共利益的单位和个人，应当按照有关规定从轻、减轻或者免予追责。

经确定予以免责的单位和个人，在绩效考核、评先评优、职务职级晋升、职称评聘和表彰奖励等方面不受影响。

对恶意中伤、诬告陷害，干扰改革创新的，应当依纪依法追究责任；对受到不实反映或者诬告陷害的单位和个人，按照程序及时予以纠正，并消除负面影响。

第三十条　本条例自 2019 年 10 月 1 日起施行。

主要参考文献

[1]McMillan M S, Rodrik D. Globalization, structural change and productivity growth[R]. National Bureau of Economic Research, 2011.

[2]黄汉权. 中国产业发展报告:2018——迈向高质量发展的产业新旧动能转换[M]. 经济科学出版社,2018:6-7.

[3]黄汉权,姜江,盛朝迅. 推进新旧动能转换的对策建议[J]. 经济研究参考,2018(36):11-13.

[4]黄汉权. 推进产业新旧动能转换的成效、问题与对策[J]. 经济纵横,2018(08):32-40,2.

[5]杨天宇,刘贺贺. 产业结构变迁与中印两国的劳动生产率增长差异[J]. 世界经济,2012,35(05):62-80.

[6]Hall R E, Jones C I. Why Do Some Countries Produce So Much More Output Per Worker Than Others? [J]. *The Quarterly Journal of Economics*, 1999, 114(1): 83-116.

[7]巴曙松,郑军. 中国产业转型的动力与方向:基于新结构主义的视角[J]. 中央财经大学学报,2012(12): 45-52.

[8]薄文广,吴承坤,张琪. 贵州大数据产业发展经验及启示[J]. 中国国情国力,2017(12): 44-47.

[9]陈国政. 上海科技创新环境面临的问题与对策建议[J]. 上海经济研究,2013(02): 52-59.

[10]程学童. 从"政策性开放"到"体制性开放"——学习"关于完善社会主义市场经济体制若干问题的决定"的一点体会[J]. 中共杭州市委党校学报,2004

(02):74-76.

[11]程忠,黄少安.合理性产业结构趋同的理论标准与中国的实证[J].财经问题研究,2016(09):23-30.

[12]崔媛.推进青岛市新旧动能转换方向探讨——基于生产总值核算视角青岛与深圳等先进城市的对比分析[J].中共青岛市委党校·青岛行政学院学报,2017(05):19-24.

[13]戴翔,张二震,王原雪.全面开放新格局:内涵、路径及方略[J].贵州社会科学,2018(03):104-110.

[14]董世龙,薛惠.科技创新法律制度存在的问题与对策[J].科技进步与对策,2013(13):116-118.

[15]杜海东,严中华.广东科技园区创新能力建设问题与对策[J].中国科技论坛,2009(01):46-49.

[16]杜晓君,张丹宁.产业价值链式集群的技术学习研究[J].东北大学学报(社会科学版),2006(02):106-109.

[17]方福前.寻找供给侧结构性改革的理论源头[J].中国社会科学,2017(07):49-69.

[18]盖庆恩,朱喜,史清华.劳动力市场扭曲、结构转变和中国劳动生产率[J].经济研究,2013(05):87-97.

[19]高良谋,马文甲.开放式创新:内涵、框架与中国情境[J].管理世界,2014(06):157-169.

[20]高中东.从深圳经验看山东新旧动能转换[J].理论学习,2017(09):59-60.

[21]广东"腾笼换鸟"路线图[J].商务周刊,2008(07):33-40.

[22]广东省政府发展研究中心课题组,李鲁云,蔡祖顺等.推进广东供给侧结构性改革 加快实现新旧动能转换[J].广东经济,2017(01):6-14.

[23]广东省政府发展研究中心课题组."广东产业转型升级进展研究"专题(1):广东产业转型升级的阶段评估与分析[J].广东经济,2016(08):12-22.

[24]广东省政府发展研究中心课题组."广东产业转型升级进展研究"专题(2):"新常态"下广东产业转型升级的创新思路与路径选择[J].广东经济,2016

(08)：23-27.

[25]广东省政府发展研究中心课题组."广东产业转型升级进展研究"专题(3)：广东产业转型升级面临的差距及问题[J].广东经济，2016(08)：28-32.

[26]广东省政府发展研究中心课题组."广东产业转型升级进展研究"专题(4)：加快广东产业转型升级的政策措施[J].广东经济，2016(08)：33-37.

[27]洪银兴.培育新动能：供给侧结构性改革的升级版[J].经济科学，2018(03)：5-13.

[28]胡育蓉，齐结斌.对外开放、空间溢出和包容性增长[J].国际贸易问题，2016(04)：3-14.

[29]黄继忠，冀刚.外部性与产业发展——一个理论分析框架[J].技术经济与管理研究，2018(02)：113-118.

[30]黄继忠，冀刚.外部性与产业结构优化——基于中国装备制造业省级面板数据的分析[J].商业研究，2018(02)：136-145.

[31]黄少安，韦倩.合作与经济增长：第十届中国青年经济学者论坛[Z].西安，2010:349-366.

[32]黄少安，韦倩.利他经济学研究评述[J].经济学动态，2008(04)：98-102.

[33]黄少安.立足省情，服务山东"十三五"规划——评《山东省"十三五"规划重大问题研究》[J].东岳论丛，2016(09)：193.

[34]黄少安.山东经济结构调整的维度和重点[J].东岳论丛，2013(12)：5-12.

[35]黄少安.新旧动能转换与山东经济发展[J].山东社会科学，2017(09)：101-108.

[36]黄玉洁，栾群.国内外推动产业升级的经验与启示[J].现代产业经济，2013(Z1)：57-68.

[37]纪硕鸣."腾笼换鸟"香港可以先行[J].同舟共进，2009(05)：32-33.

[38]朱卫平."腾笼换鸟"有利于保增长[J].中国制造业信息化，2009(06)：76.

[39]冀刚，黄继忠.外部性、产业结构与产业增长——来自中国装备制造业

省级面板数据的门槛效应分析[J].上海经济研究,2018(02):37-52.

[40]冀刚.外部性作用下中国装备制造业发展研究[D].辽宁大学,2018.

[41]贾康,苏京春.论供给侧改革[J].管理世界,2016(03):1-24.

[42]姜文仙.广东区域经济差异的动态特征及其成因分解:2000—2015[J].开发研究,2018(01):56-62.

[43]金碚.基于价值论与供求论范式的供给侧结构性改革研析[J].中国工业经济,2017(04):5-16.

[44]李克强:激发自动力 培育新动能[J].中国党政干部论坛,2016(04):1.

[45]李云娥.对外开放必然带来经济增长吗?——基于二元经济转换的视角[J].南开经济研究,2014(01):59-73.

[46]李佐军.加快新旧动能转换促进经济转型升级[J].领导科学论坛,2017(18):66-82

[47]刘冰.准确把握新旧动能转换的关键任务和重要举措[J].理论学习,2017(08):25-28.

[48]刘凤良,章潇萌.中国经济增长进程中的动能切换与结构转型[J].中国人民大学学报,2016(05):2-11.

[49]刘伟.经济新常态与供给侧结构性改革[J].管理世界,2016(07):1-9.

[50]龙建辉.创新驱动发展的双元路径及其关联机制——基于全要素生产率的实证发现[J].科技管理研究,2017(10):24-34.

[51]隆国强.新旧动能转换的意义、机遇和路径[J].中国发展观察,2017(21):28-31.

[52]鲁虹,黄婷婷.上海市社会发展重大科技项目科技创新经验、问题和对策研究[J].科技管理研究,2009(04):76-78.

[53]吕韬,车前进,吴建楠.中国劳动生产率增长的效应分解——基于扩展的 Nordhaus 指数方法[J].生产力研究,2010(10):142-143.

[54]马胜利.产业间创新驱动效应的影响因素研究[D].辽宁大学,2015.

[55]马志荣.我国实施海洋科技创新战略面临的机遇、问题与对策[J].科技管理研究,2008(06):68-69.

[56]麦宇旻.腾笼换鸟:纠结中的苦苦摸索[J].商周刊,2012(23):38-40.

[57]门玉英等.中小企业科技创新中的知识产权问题及对策研究——以湖北省为例[J].科技进步与对策,2011(07):107-110.

[58]孟祺.德国制造业产业升级对中国的启示[J].国际经济合作,2013(03):38-41.

[59]张幼文.期待新的改革开放红利——读《中国(上海)自由贸易试验区建设:理论分析与实践探索》[N].解放日报,2014-09-25(011).

[60]齐书宇,曲绍卫,褚洪.高校科技创新政策执行偏差问题及对策[J].中国行政管理,2013(06):96-98.

[61]张幼文.开辟地方政府开放政策的新路径[N].新华日报,2018-05-02(007).

[62]尚昀.着力推进新旧动能转换 促进山东经济转型升级[J].理论学习,2017(11):15-17.

[63]师博,张冰瑶.新时代、新动能、新经济——当前中国经济高质量发展解析[J].上海经济研究,2018(05):25-33.

[64]施震凯,王美昌.中国市场化进程与经济增长:基于贝叶斯模型平均方法的实证分析[J].经济评论,2016(01):26-38.

[65]隋映辉.新旧动能转换,山东靠什么?——战略性新兴产业与新旧动能转换[J].科技中国,2018(04):67-69.

[66]孙春明.政府推动 市场运作——"腾笼换鸟"中的"广州模式"[J].中国外资,2006(12):10-12.

[67]孙瑾,刘文革,周钰迪.中国对外开放、产业结构与绿色经济增长——基于省际面板数据的实证检验[J].管理世界,2014(06):172-173.

[68]孙琳琳,任若恩.中国资本投入和全要素生产率的估算[J].世界经济,2005(12):3-13.

[69]孙彦明.促进创新成果转化应用 加快山东新旧动能转换[J].宏观经济管理,2018(02):61-65.

[70]覃成林,梁夏瑜.广东产业转移与区域协调发展——实践经验与思考[J].国际经贸探索,2010(07):44-49.

[71]覃成林，熊雪如.产业有序转移与区域产业协调发展——基于广东产业有序转移的经验[J].地域研究与开发，2012(04)：1-4.

[72]王海燕，郑秀梅.创新驱动发展的理论基础、内涵与评价[J].中国软科学，2017(01)：41-49.

[73]王玲.基于指数方法的中国劳动生产率增长实证分析[J].统计研究，2003(01)：26-28.

[74]王慎刚.德国政府成功推进经济转型与产业升级探析[J].山东经济战略研究，2014(09)：33-35.

[75]王伟玲.大数据产业的战略价值研究与思考[J].技术经济与管理研究，2015(01)：117-120.

[76]王小广.新旧动能转换：挑战与应对[J].人民论坛，2015(35)：16-18.

[77]王怡川.浙江工业新旧动能转换的现状及对策研究[J].浙江经济，2017(24)：28-31.

[78]李世闻.我国国家创新体系建设25周年回顾：成就、问题与对策——截至2010年科技统计数据的实证研究[J].科技进步与对策，2013(13)：5-9.

[79]吴波，肖迪.集群企业迁移理论述评——兼对区域政府“腾笼换鸟”政策的反思[J].科学学研究，2011(01)：84-90.

[80]吴晓峰.从“腾笼换鸟”分析东莞市经济产业转型[J].特区经济，2011(11)：31-34.

[81]肖俊.“腾笼换鸟”政策对珠三角区域经济影响探析[J].现代商贸工业，2010(17)：121-122.

[82]辛国斌.推进制造强国建设 加快新旧动能接续转换[J].行政管理改革，2017(06)：20-23.

[83]颜玮，姬超.对外开放的经济增长效应及其演变规律——韩国经济发展的经验证据[J].学术界，2015(11)：239-244.

[84]张幼文，薛安伟.要素流动对世界经济增长的影响机理[J].世界经济研究，2013(02)：3-8，87.

[85]余东华.以“创”促“转”：新常态下如何推动新旧动能转换[J].天津社会科学，2018(01)：105-111.

[86]余唯，李海燕.科技创新平台共享中存在的问题与对策[J].科技管理研究，2018(10)：23-27.

[87]袁志刚.经济增长动能转换与金融风险处置[J].经济学动态，2017(11)：4-15.

[88]张德宽.加快推进新旧动能转换[J].山东经济战略研究，2017(11)：19-22.

[89]张国胜，王远洋，陈明明.长波中技术变革、范式转换与中国供给侧结构性改革[J].经济学家，2017(07)：16-26.

[90]张豪，张建华，谭静.中国经济增长的源泉与动能转换：1952－2015[J].经济问题探索，2017(09)：12-24.

[91]张应禄，陈志钢.中国劳动生产率的增长——基于乡村与城镇两部门的指数方法实证分析[J].农业技术经济，2010(10)：82-88.

[92]张幼文.以要素流动理论研究贸易强国道路[J].世界经济研究，2016(10)：3-6.

[93]张振祥.广东产业转移工业园建设的政府作用研究[D].华南理工大学，2010.

[94]章潇萌，杨宇菲.对外开放与我国产业结构转型的新路径[J].管理世界，2016(03)：25-35.

[95]赵炳新，肖雯雯，殷瑞瑞.关于新动能的内涵及其启示[J].经济研究参考，2018(02)：72-76.

[96]赵丽娜.产业转型升级与新旧动能有序转换研究——以山东省为例[J].理论学刊，2017(02)：68-74.

[97]赵若玺，徐治立.新科技革命会带来什么样的产业变革[J].人民论坛，2017(15)：83-85.

[98]赵文军，于津平.市场化进程与我国经济增长方式——基于省际面板数据的实证研究[J].南开经济研究，2014(03)：3-22.

[90]郑凯捷.从政策性开放到制度性开放的历史进程[J].世界经济研究，2008(05)：14-19.

[100]中国人民大学宏观经济分析与预测课题组等.全球技术进步放缓下中

国经济新动能的构建[J]. 经济理论与经济管理，2016(12)：5-20.

[101]樊纲，王小鲁，马光荣. 中国市场化进程对经济增长的贡献[J]. 经济研究，2011(09)：4-16.

[102]周密，刘秉镰. 供给侧结构性改革为什么是必由之路？——中国式产能过剩的经济学解释[J]. 经济研究，2017(02)：67-81.

[103]朱益超. 中国劳动生产率增长动能转换与机制创新研究[J]. 数量经济技术经济研究，2016(09)：58-75.

[104]郭吉涛，郑岚清. 新旧动能转换背景下传统产业潮涌现象的形成机制[J]. 河海大学学报(哲学社会科学版)，2019，21(02)：47-56，106-107.

[105]徐晓鹰，刘泽. 论促进新旧动能转换的主体作用发挥[J]. 江西社会科学，2018，38(07)：82-89.

[106]杨蕙馨，焦勇. 新旧动能转换的理论探索与实践研判[J]. 经济与管理研究，2018，39(07)：16-28.

[107]李晓华. 区域发展新动能何在[J]. 人民论坛，2018(17)：82-83.

[108]李成友，孙涛，焦勇. 要素禀赋、工资差距与人力资本形成[J]. 经济研究，2018，53(10)：113-126.